改变，从阅读开始

解玺璋 著

君主立宪之殇

梁启超与他的「自改革」

山西出版传媒集团
山西人民出版社

I MIN CHOONG BUO
P.O. Box 255
YOKOHAMA
JAPAN

新民叢報

號壹第

光緒二十八年元月一日
明治三十五年二月八日

每月二回朔望發行

神户同文学校兵式体操之图

旅美干城学校学生步操图

大清郵政局特准掛號認爲新聞紙類

日本明治四十三年二月十三日第三種郵便物認可

（每月三期逢一日發行）

日一十月正年二　第一年第一期

国风报

广东咨议局

各省教育总会联合会

大同学校秋季兵操图

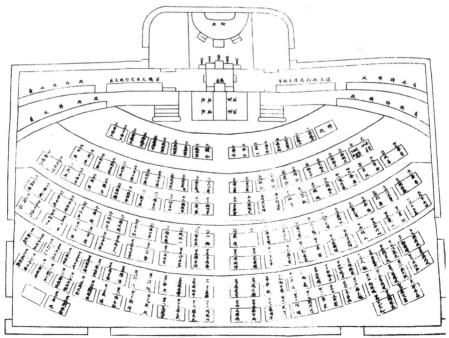

资政院议场座位图

目　录

绪　论

晚清"自改革"思潮的兴起

1912 年 1 月 1 日（清宣统三年十一月十三日），临时大总统孙文（中山）自沪抵宁，宣誓就职。中华民国遂于当日宣告成立，并以这一年为中华民国元年。

　　尽管第三天袁世凯便致电孙中山，提醒他，国体问题尚待国民公决，意思就是说，君主共和还不一定呢。但时至当日，即使孙中山不坚持，君主共和似乎也已无须再计。

　　事实上，自武昌事变以来，各省响应，两三月间，全国舆论已日趋于革命和共和。虽有北洋军诸将于 1 月 1 日通电反对共和，但我们宁肯相信这是袁世凯背后指挥的一次集体表演，因为，同是这些人，1 月 26 日则再次通电，宣布赞成共和。

　　这时，清朝的灭亡只剩下方式和时间的问题了。2 月 12 日，宣统下诏辞位。2 月 15 日，南京临时参议院全票选举袁世凯为临时大总统。3 月 8 日，临时参议院通过《中华民国临时约法》，以宪法的方式将国体确定为民国。同日，中华民国临时大总统袁世凯宣誓就职。

　　清王朝的终结，不仅终结了一个朝代，而且终结了自秦以来延续两千多年的君主制，以及与君主制息息相关的君主立宪制。无论是宣布预备立宪的清政府，还是始终抱定君主立宪宗旨的梁启超，此时此刻，都只有抱恨而已，尽管已经有了《钦定宪法大纲》和《宪法重大信条十九条》，君主立宪还是与中国人失之交臂。

其实，梁启超在武昌事变之初就已看清了时势变化的潮流，他在最后所做的努力，不仅表明了他的心有不甘，再思奋起一搏，而且也是他对中国最终选择民主共和制的担忧，如果非要实行美国式的民主共和制，不仅不能致治，反而会天下大乱。他在宣统三年九、十月间发表《新中国建设问题》，对君主立宪的无望发出了沉痛的叹息：

嗚呼！吾中国大不幸，乃三百年间戴异族为君主，久施虐政，屡失信于民，逮于今日，而令此事殆成绝望，贻我国民以极难解决之一问题也。吾十余年来，日夜竭其力所能逮以与恶政治奋斗，而皇室实为恶政治所从出。于是皇室乃大憾我，所以僇辱窘逐之者无所不用其极。虽然，吾之奋斗，犹专向政府，而不肯以皇室为射鹄；国中一部分人士，或以吾为有所畏有所媚，讪笑之，辱骂之，而吾不改吾度。盖吾畴昔确信美法之民主共和制，决不适于中国，欲跻国于治安，宜效英之存虚君，而事势之最顺者，似莫如就现皇统而虚存之。十年来之所以慎于发言，意即在是。吾行吾所信，故知我罪我，俱非所计也。虽然，吾盖误矣。今之皇室，乃饮鸩以祈速死，甘自取亡而更贻我中国以难题。使彼数年以来，稍有分毫交让精神，稍能布诚以待吾民，使所谓十九条信条者，能于一年数月前发布其一二，则吾民虽长戴此装饰品，视之如希腊、那威等国之迎立异族耳，吾知吾民当不屑断断与较者。而无如始终不寤，直至人心尽去，举国皆敌，然后迫于要盟，以冀偷活，而既晚矣。夫国家之建设组织，必以民众意向为归，民之所厌，虽与之天下，岂能一朝居。嗚呼，以万国经验最良之虚君共和制，吾国民熟知之，而今日殆无道以适用之，谁之罪也？是真可为长太息也。（梁启超著《饮冰室合集·文集》之二十七，44—45页，中华书局 1989 年 3 月版）

君主立宪制是梁启超心目中最理想的政治体制。它既是戊戌变法合乎逻辑的发展，也是君主制内部"自改革"可以达到的最高目标。而中华民国的建立，彻底终结了君主制内部一切"自改革"的可能性。一般说来，人们习惯于把民主共和的成功和君主立宪的失败归结为后者折中调和的不彻底性，甚至归结为他们封建士大夫和民族资产阶级代言人的阶级属性。而百年之后我们回望历史，发现历史并不像我们的历史教科书所讲的那样简单，泾渭分明。我们可以说，康有为、梁启超，乃至更多人为君主立宪所做的努力，"只是为形形色色通过激进手段在最短时间内完成政治、社会乃至文化及人心改造的革命论辩做了铺垫，并以自己的失败为涵盖20世纪上半叶中国历史的'革命时代'的到来准备了条件"，（孔飞力著，陈兼、陈之宏译《中国现代国家的起源》，译者导言，25页，生活·读书·新知三联书店2013年10月版）但这个过程本身的丰富性和复杂性，在此过程中，三种导致巨大变革的力量，即西方列强、革命党、立宪派之间的拉扯、抗衡和冲击，以及三种力量与清廷旧势力之间的矛盾、纠葛和相互利用，都呈现出非常生动的面貌，他们的此消彼长构成了中国近代历史改革变迁的绚丽图景，也给后人留下了一笔十分宝贵的遗产，启发后人去思考和借鉴。

我写此书的目的，就是希望能够回到那个历史现场，看看我们的先人在那场三千年未有的大变局中是如何应对、如何思想、如何行动的。

一、改革者的第一声叹息

风起于青萍之末。

中国近现代变法改制的第一声叹息，发生在清嘉庆五年，公元1800年。主人公是翰林院编修、著名汉学家兼诗人洪亮吉。前一年，即嘉庆四年（1799），洪亮吉结束了《高宗实录》第一分册的修撰，已请假归里。临行前，他怀抱一腔忠诚，上书言事，写下《乞假将归留别成亲王极言时政启》，近六千言，成亲王永瑆上闻，嘉庆皇帝逆鳞被批，赫然震怒，即交军机大臣与刑部严审，以"大不敬"律，拟"斩立决"。后奉旨免死，发往新疆伊犁，并有"不准作诗，不准饮酒"之谕。这已是嘉庆五年（1800）农历新春，四月以来，京师干旱无雨，至立夏，旱情更加严重，不仅影响到小麦的生长，连宫廷饮水也发生困难，皇帝亲自祈雨，亦不见效。嘉庆深感不安，遂下罪己之诏："罪亮吉后，言事者日少，即有，亦论官吏常事，于君德民隐休戚相关之实，绝无言者。岂非因亮吉获罪，钳口不复敢言？朕不闻过，下情复壅，为害甚巨。亮吉所论，实足启沃朕心，故铭诸座右，时常观览，勤政远佞，警省朕躬。使内外诸臣，知朕非拒谏饰非之主，实为可与言之君。诸臣遇可与言之君而不与言，负朕求治苦心。"（转引自洪亮吉《洪亮吉集》第一册，刘德权撰前言，4页，中华书局2001年10月版）真是上天有灵，此诏既颁，六月就下了雨。洪亮吉也因此回到故乡常州，自号"更生居士"，修了更生斋，读书自娱，直到9年后病逝于家中，享年64岁。

洪亮吉自有敢言之名，他的《言时政启》更是指陈时事，直言无隐。他在谏言中对嘉庆亲政以来的作为（其实是不作为）表示不满，认为"机局尚未转者"，其原因就在于："励精图治，当一法祖宗初政之勤，而尚未尽法也。用人行政，当一改权臣当国之时，而尚未尽改也。风俗则日趋卑下，赏罚则仍不严明，言路则似通而未通，吏治则欲肃而未肃。"（同上，223页）难怪嘉庆读罢要"震怒"，这里的每一句话都直指嘉庆的"软肋"，其中最重要也是最急迫的，对上要求朝廷广开言路，集思广益；对下要求士大夫知无不言，言无不尽，而且所言要关乎国计民生、世道人心，反对毛举细故、不切政要。而士风和官场风气的腐败，更让他忧心忡忡，官员们"数十年来，以模棱为晓事，以软弱为良图，以钻营为进取之阶，以苟且为服官之计"；而"在内部院诸臣，事本不多，而常若猝猝不暇，急急顾影，皆云多一事不如少一事。在外督抚诸臣，其贤者斤斤自守，不肖者逐逐营私。国计民生，非所计也，救目前而已；官方吏治，非所急也，保本任而已。故虑久远者，以为过忧；事兴革者，以为生事"。（同上，225页）士大夫的情况也不容乐观，最让他担心的，是"士大夫之不务名节"，因为，"士大夫渐不顾廉耻，百姓则不顾纲常。然此不当责之百姓，仍当责之士大夫也"。而且，"幸有矫矫自好者，类皆惑于因果，遁入虚无，以蔬食为家规，以谈禅为国政。一二人倡于前，千百人和于后。甚有出则官服，入则僧衣。惑智惊愚，骇人观听"。（同上，227页）

洪亮吉案的意义就在于，在经历了乾隆朝的万喙息响，鸦雀无声之后，仍有知识精英，即士大夫记得自己的政治责任和义务，努力发出自己的声音。孔飞力看到了这一点，他在描述了18世纪90年代的大清帝国如何从昔日的辉煌开始显露出多种危机后，指出了帝国走向现代必须解决的三道具有关键性意义的难题："第一，怎样才能使得由于恐惧而变得火烛小心的精英统治阶层重新获得活力，以对抗危害国家和社会的权力滥用？第二，怎样才能利用并控制大批受过教育、却不能被吸收到政府中来的文人精英们的政治能量？第三，怎样才能通过一套相对狭小的官僚行政机构来统治一个庞大而复杂的社会？"（孔飞力著，陈兼、陈之宏译《中国现代国家的起源》，8页）洪亮吉的行为对于孔飞力的提问来说也许不是一种自觉的回答，他写《言时政启》，仍然怀抱着"受恩不酬，非国士也；有怀不尽，亦非人臣所敢出也"（洪亮吉著《洪亮吉集》第一册，223页）的传统心态，但其影响所及，却给后来者一种精神上的鼓励，使得越来越多的士大夫以他为榜样，要在万马齐喑的时代发出变革、维新的声音。

二、经学异端带来政治新说

生于18世纪末的龚自珍就是这样一位后来者。龚自珍（1792—1841），字璱人，号定庵，浙江仁和（今杭州市）人，是中国社会从古代向近代转型过程中开一代风气的启蒙思想家。他在1814年到1815年之间写过一组政论杂文，其中《乙丙之际箸议第七》提出："与其赠来者以劲改革，孰若自改革？"（朱维铮、龙应台编著《维新旧梦录——戊戌前百年中国的"自改革"运动》，74页，生活•读书•新知三联书店2000年10月版）他的这篇文章提到了"自改革"这个概念，这大约是他的创造。当时，他还是个二十四五岁的年轻人，很喜欢王安石陈述变法方案的上宋仁宗万言书，坚信王安石的理论是可以拿来改造帝国现状的，对王安石的重定"经义"，不恤"人言"，尤为钦佩。"自改革"一词就是他对王安石"改易更革"的化用。

龚自珍的家学渊源非一般人可比，其祖、父两代都在汉学方面有很高的造诣，外祖父段玉裁更是汉学大家，有清一代考据学派的代表人物。他自幼便承家教，又从外祖父那里接受过正统汉学的训练。但他更看重被汉学家忽视的"经世致用"之学。随着年龄的增长，龚自珍接触到常州经今文学家刘逢禄的《春秋》公羊学。经今文学在清代的复兴，始于常州武进庄氏的家学，庄存与治《春秋》公羊学，专求所谓"微言大义"，尤喜牵合比附汉儒的"非常异义可怪之论"，对清代学术主流——东汉训诂学构成了严重的挑战。刘逢禄也是武进人，他是庄存与的外孙，也是其学术传人。他的《春秋公羊经何氏释例》，专门阐发"张三世""通三统""绌周王鲁""受命改制"诸义，次第发明。龚自珍曾随刘逢禄治《春秋》公羊学，他常用它来"讥切时政，诋排专制"，并将这一经学异端改造成为政治新说。梁启超为之赞叹："晚清思想之解放，自珍确与有功焉。"并把他比作"法之卢骚"。（梁启超著《清代学术概论》，75页，上海古籍出版社1998年1月版）至于他提出"自改革"的主张，既与"劲改革"相对应，其中便包含着对于帝国统治者的提醒，告诉他们，只有主动实行自上而下的自我改革，才能有效地防止来自体制内和体制外，包括革命等暴力手段在内的对皇权的挑战。

龚自珍的出现，不是从天而降，而是有清一代学术思想变迁之大势所造成的结果之一。梁启超将其概括为"以复古为解放"。在这里，他发现了这个时代思想解放最显著的特征——回到古代传统典籍中去，重新发现和阐释儒学教义的真正内涵。他认为，清代学术的"复古"大致经历了四个阶段："第一步，复宋之古，对于王学而得解放。第二步，复汉唐之古，对于程朱而得解放。第三步，复西汉之古，对于许郑而得解放。第四步，复先秦之古，对于一切传注而得解放。夫既已复先秦之古，则非至对于孔孟而得解放焉不止矣。"（同上，7页）这就是说，清代学术潮流的明显特征，是将中国两千余年的学术思想史倒转过来重新审视、辨析和校正，"如剥春笋，愈剥而愈近里；如啖甘蔗，愈啖而愈有味"（同上，自序，2页）。

儒家的人生理想表现为修身和经世致用两个范畴，人们习惯上称之为"内圣外王"。如果考虑到儒家思想的实用主义动机以及作为一种人生信仰的本质，那么很显然，它从来就不是一种哲学玄思或书斋里的学问。然而，明清之际，儒学却遭遇一场危机，表现为陆王心学的末流，已从王阳明当年针对程朱理学的章句训诂、功利之见有感而发的"致良知"，演变为空谈义理，迷信知性，妄议见性成仁，远离现实人生的流弊，"说虽高而不免于悬虚"。（钱穆著《中国近三百年学术史》上册，14页，商务印书馆1997年8月版）于是，顾炎武辈以"舍经学无理学"奋起纠正这种危险倾向，使思想学术回到求真务实、经世致用上来。这便是梁启超所说的"由明以复于宋，且渐复于汉、唐"。（梁启超著《清代学术概论》，4页）在这里，顾炎武把考据和义理之学视为正统儒学研究不可缺少的一部分，是达到"明道""救世"之目的的必由之路，从而恢复儒家的社会信仰和道义担当。此后，这个被称为"汉学"的学术传统发展为蔚为大观的考据学派，由宋而唐，由唐而汉，由汉而先秦，在学术领域一家独大，终成一"汉学专制"之局；又因"避触时忌，聊以自藏"，（同上，71页）躲进书斋，沉醉于纯粹的学术研究，不再关心儒家思想的原旨和真正意义，即包含在儒学内在逻辑中的社会关怀和政治信仰，被后人批评为不知不觉中将手段变成了目的。

如果说十八世纪普遍接受的学术内容由三个重要范畴——考据、辞章和义理组成的话，那么，对于十九世纪的学者来说，这显然已经不够，他们需要在这些内容之上再添加"经世致用"这一重要范畴。这是因为，"嘉道以还，积威日弛，人心已渐获解放，而当文恬武嬉之既极，稍有识者，咸知大乱之将至"。于是，有道德良知和责任感的学者，不再满足于书斋里的智力游戏，他们"追寻根原，归咎于学非所用"。（同上）而最先做出反应的却是宋学家，他们强调社会政治内容仍为儒家信仰的必要组成部分，即所谓"守道救世"。这是明显带有宋学特征的对儒家经世致用理想给予肯定的方式，他们更看重作为文化精英的"教化"作用，并以此影响民众，实现社会道德的转化和进步。曾国藩就被视为"守道救世"的代表人物，至于把制度革新作为实现儒家经世致用理想的重要手段，还有待经今文学派的兴起。

这时，一些汉学家也正酝酿着对仅仅把儒学视为一种学问的不满。其中有三位人物显得尤为重要，他们是阮元、陈澧和朱九江。阮元（1764—1849），字伯元，江苏扬州人，乾隆五十四年（1789）进士，为官多年，是乾隆、嘉庆、道光三朝元老，历任地方督抚、学政，充兵部、礼部、户部、工部侍郎，拜体仁阁大学士。在长期的仕宦生涯中，阮元始终保持着对汉学经籍的浓厚兴趣，"自经史、小学以及金石、诗文，巨细无所不包"，均有很深造诣，被海内学者奉为泰山北斗。他督浙江创立诂经精舍，督广东又创立学海堂，都是当时儒学研究的最高学府。至于他的办学宗旨，虽以汉学的经史训诂为根底，但特别强调"实事求是"，"尤以发明大义为主"，"推阐古圣贤训世之意，务在切于实用，使人人可以身体力行"。（张鑑等撰《阮元年谱》附录三，刘毓崧撰《阮文达公传》，247 页，中华书局 1995 年 11 月版）

阮元综合汉、宋的思想在广东学者中影响很大。陈澧（1810—1882）早岁著学海堂弟子籍，便致力于汉学研究。他是广东番禺人氏，字兰甫，号东塾，人称东塾先生。道光二十年（1840），他被聘为学海堂学长，垂三十年，培养了不少学生，号称东塾学派。梁启超的老师陈梅坪先生，就是东塾弟子。陈东塾曾以九年时间著述《汉儒通义》七卷，伸张其汉学、宋学并重，不可偏废的主张。他认为："汉儒善言义理，无异于宋儒。宋儒轻蔑汉儒者，非也；近儒尊汉儒，而不讲义理，亦非也。"（陈澧著《东塾读书记》，《自述》，282 页，中西书局 2012 年 6 月版）因此钱穆指出："东塾之旨，在融朱子（朱熹）于康成（郑玄）。"（钱穆著《中国近三百年学术史》下册，710 页）这是他针对汉学只讲训诂不研究义理的缺失提出来的补救之方，在他看来，有了汉学经史训诂的基础，再根据朱熹的方法寻求至圣之道，二者兼而有之，才是最完美的。

朱九江（1807—1881）也是一位在阮元影响下主张沟通汉、宋的学者。朱九江，名次琦，字稚圭，号子襄，世称九江先生，广东南海人氏，做过康有为的老师。钱穆说他"以早慧受知于阮元，为学海堂都讲。其学亦主融汉、宋"（同上，709 页）。但据朱九江的学生简朝亮所作《清朱九江先生次琦年谱》记载，道光十五年（1835），朱九江 29 岁，"阮相国（元）诒书卢制府，言选高才生肄业学海堂，于是，选者十人，先生为举首，先生以疾辞不赴"。（新编中国名人年谱集成第三辑，王云五主编，门人简朝亮编《清朱九江先生次琦年谱》，11—12页，台湾商务印书馆1978年5月版）梁启超作《近代学风之地理的分布》，曾提到朱九江"以其学教授于乡"，康有为师事朱九江，就在他讲学的礼山草堂，但"九江言理学及经世之务，学风微近浙东（浙东学派，以清初的黄宗羲为代表），然其大旨，皆归于沟通汉、宋，盖阮先生之教也"。（《饮冰室合集·文集》之四十一，79页）不过，朱九江对汉、宋之争的反感显然远远超过了阮元和陈澧，他在创办礼山草堂之初就对求学者说：

孔子殁而微言绝，七十子终而大谊乖，岂不然哉。天下学术之变久矣，今日之变则变之变者也。秦人灭学，幸犹未坠，汉之学，郑康成集之，宋之学，朱子集之。朱子又即汉学而稽之者也，会同六经，权衡四书，使孔子之道大箸于天下。宋末以来，杀身成仁之士远轶前古，皆朱子力也。朱子百世之师也，事师无犯无隐焉者也。然而攻之者互起，有明姚江之学（王阳明祖籍姚江之畔的余姚）以致良知为宗，则攻朱子之格物，乾隆中叶至于今日，天下之学多尊汉而退宋，以考据为宗，则攻朱子为空疏。一朱子也，而攻之者乃相矛盾乎？学术之变古未有其变也。呜呼，古之言异学者衅之于道外，而孔子之道隐；今之言汉学宋学者哄之于道中，而孔子之道歧。（新编中国名人年谱集成第三辑，王云五主编，门人简朝亮编《清朱九江先生次琦年谱》，48—49页）

在他看来，天下何其不幸也！于是，他要求这些学子："学孔子之学，无汉学，无宋学也，修身读书，此其实也。"（同上，49页）他进一步强调，个人的道德修养应与更重大的社会政治目标发生关系，他说："读书者何也？读书以明理，明理以处事，先以自治其身心，随而应天下国家之用。"（同上，57页）这就是说，读书人要以天下为己任，这是儒家知识分子的政治责任。其后，康有为在朱九江摒弃宋学与汉学界限的基础上，继续向前推进，跨过宋学和汉学，直接孔子之学，"非至对于孔孟而得解放焉不止"，（梁启超著《清代学术概论》，7页）从而开辟了一片新的天地。钱穆也看到了这一点，把他比作黄宗羲（梨洲）："问学请业，皆在早年，而晚岁声名，远越师门。"（钱穆著《中国近三百年学术史》下册，711页）

如果说阮元、陈澧、朱九江只是在儒家经世致用的目标最有可能通过人的自我修养来实现这个前提下重新肯定程朱理学，并将朱子与孔子相提并论的话，那么，另有一些人则进一步要求把制度革新作为经世致用的主要内容。这些人多为晚清兴起的经今文学派。这个学派最初是从清代汉学考据一脉中发展出来的，钱穆称之为"旁衍歧趋"；（同上，582页）梁启超既断定清代学术主流为"节节复古"，他势必要将经今文学派的出场看做是几代学者探寻古代儒家学术渊源的结果，并形容为"悬崖转石，非达于地不止"，由明而宋，由宋而唐，由唐而两晋、而东汉，"则西汉今古文旧案，终必须翻腾一度，势则然矣"。（梁启超《清代学术概论》，74页）

将这块石头转到悬崖边的，自然是常州学派的首创者、武进的经学大师庄存与（1719—1788）。此人字方耕，号养恬，他的学问，按照阮元的说法："不专专为汉宋笺注之学，而独得先圣微言大义于语言文字之外。"（阮元《庄方耕宗伯经说序》，此文刻入《味经斋遗书》卷首，阮氏《揅经室集》未之收。转引自钱穆《中国近三百年学术史》下册，580页）钱穆则称道："常州之学，乃足以掩胁晚清百年来之风气而震荡摇撼之。"（同上，582页）不过，庄存与的学问在他活着的时候没有几个人了解，倒是在他身后，颇为一些学者所称许，特别是刘逢禄、龚自珍和魏源这几个人，在庄存与的基础上，更将经今文学大加发挥，并与制度改革、维新变法联系起来。

其实，早期经今文学者如庄存与、刘逢禄，乃至王闿运、皮锡瑞等，都并不特别关心社会政治，他们更感兴趣的还是学术本身。这恐怕也是清儒的生存环境使然，他们尠谈政治、专心学术的原因，就部分地出于自我保护的本能，而积习既久，渐成习惯，不仅不谈，甚至不思了。即使他们谈到"制度改革"，所指也非现代意义上政治制度的变革，而是各种礼仪的改变。思想受制于时代，此之谓也。而随着时代的变迁，清朝的统治到了嘉庆、道光这两代，社会危机、政治危机都已显露出来，衰败之势并不因为这对父子的美好愿望而有丝毫改变。这时，"士大夫乃稍稍发舒为政论焉"。言说的环境变了，士林的风气也在变，忧国忧民、危言高论的人多起来了，龚自珍便是开风气之先的人物之一，他所期待的"自改革"，就是在这种情形之下提出来的，他告诫统治者，只有下决心进行"自改革"，才有可能避免"劲改革"，也就是说，如果不能自我更新，改朝换代式的革命随时都有可能发生。果然，此后三十年，洪、杨事起，龚自珍一语成谶。当然，经今文学的内在逻辑很自然地也会导出这样一种倾向，即制度可以应时而变，所谓"一祖之法无不敝，千夫之议无不靡"（龚自珍著《龚自珍诗文选注》，76 页，《乙丙之际箸议第七》，广东人民出版社 1975 年 12 月版），这是否意味着"自改革"是儒家思想传统中固有的，是具有合法性的呢？钱穆认为："常州言学，既主微言大义，而通于天道、人事，则其归必转而趋于论政，否则何治乎《春秋》？何贵乎《公羊》？（左氏主'事'，公羊主'义'，义贵褒贬进退，西汉公羊家皆以经术通政事也）亦何异于章句训诂之考索？故以言夫常州学之精神，其极必趋于轻古经而重时政，则（龚）定菴其眉目也。"（钱穆著《中国近三百年学术史》下册，591 页）

三、改革开放是历史大趋势

所谓"自改革",顾名思义,就是统治者自上而下的自我改革,也就是局限于现行体制内部的一种改革。虽说它源自一种学术思想的内在逻辑,但并不排除社会现实对人的影响。尽管他们还不能对现行的君主专制政体从根本上有所怀疑和挑战,然而,不满和担忧却总是有的。龚自珍对帝国政治的腐败和黑暗便可谓洞若观火、入木三分,他在《乙丙之际箸议第九》中就深切地表达了发自内心的愤懑和忧虑:

> 当彼其世也,而才士与才民出,则百不才督之,缚之,以至于戮之。戮之非刀,非锯,非水火,文亦戮之,名亦戮之,声音笑貌亦戮之。戮之权不告于君,不告于大夫,不宣于司市,君大夫亦不任受,其法亦不及要领,徒戮其心。戮其能忧心,能愤心,能思虑心,能作为心,能有廉耻心,能无渣滓心。又非一日而戮之,乃以渐,或三岁而戮之,十年而戮之,百年而戮之。才者自度将见戮,则蚤夜号以求治,求治而不得,悖悍者则蚤夜号以求乱。夫悖且悍,且暝然聩然以思世之一便己,才不可问矣,鬻之伦骈有辞矣。然而起视其世,乱亦竟不远矣。(龚自珍著,夏田蓝编《龚定庵全集类编》卷四,68—69页,中国书店 1991 年 6 月版)

有人把他的这番议论称为"激厉之论"(同上),这在十九世纪初万马齐喑的中国,的确称得上直言敢言、振聋发聩。但他仍对大清帝国抱有希望,期待着道光皇帝能正视现实,厉行变法,像宋神宗支持王安石那样,以全面主动的"自改革"医治帝国之病。他写过这样一首诗:

霜毫掷罢倚天寒，任作淋漓淡墨看。

何敢自矜医国手，药方只贩古时丹。

（龚自珍著，刘逸生、周锡馥笔注《龚自珍编年诗注》己亥杂诗四四，498页，浙江古籍出版社1995年12月版）

这首诗部分地表达了他的心情，也可以说，这是当时绝大多数渴望改革的先觉者的共同心声。他们不仅是"自改革"的积极倡导者，也是"自改革"的支持者和推动者。但他们开出的"药方"还只能是"古时丹"，这是历史局限于他们的。与龚自珍并称"龚魏"的魏源（1794—1857），就是这样一位比较早地从清代统治者所造成的麻木状态中醒来，"感切时变，有志经济"（钱穆著《中国近三百年学术史》下册，590页）的改革前驱。经济者，经世济民之谓也。这里所强调的，便是学术思想的实用性。后来他协助江苏巡抚陶澍、布政使贺长龄编纂《皇朝经世文编》，就以此为评判的尺度。这部一百二十卷的皇皇巨制，辑录清代顺治之初到嘉庆末年的清人文献二千二百余篇，涉及作者654人，所选文章都是有关清帝国内部政策论争的"经济"谈，取舍标准除了要看对统治者是否有利，更重要的还是看是否实用。很显然，意识形态的是非，不在他们关注的范围之内，冒犯统治者的危言耸听的文字也一律排除在外，前面所引龚自珍抨击政治腐败、国家黑暗，并断言不主动进行"自改革"便可能遭遇"劲改革"的文章，就被打入了"另册"。

但《皇朝经世文编》的传播却收获了意外的效果。由于它把清入关百数十年的积弊，以及新遇到的问题，都集中地呈现在读者面前，也就为当下改革和变法的呼声提供了最切近实际的理由。而且，具体政策可以因时、因事而变的观念，也因此为更多的人所理解和接受。它既以讲求经济自况，实际上是把儒家经世致用的理想具体化了。所以，这里所涉及的，主要还是行政管理以及税收、盐政、漕运、军制、边防等具体问题。这很容易打动正处于内外交困中的道、咸二帝，他们要求各级官员以此书为必读书，可见其重视程度。而陶澍与贺长龄联手，在道光六年（1826）成功实现了通过海运将苏南五府160万石漕粮调运北京，又用实际行动为他们改变通过运河输送漕粮的祖制做了有力的辩护。说起来，他们策划和主持编纂《皇朝经世文编》，原本就是想借助先圣时贤的议论为其冒犯祖制的行为寻找理论依据，现在海运成功，反而使人们从这部书中看到了兴利除弊的必要性和可行性，也促使更多的士人学者关注和探讨现实政治问题。

如果说贺长龄邀请魏源编纂《皇朝经世文编》，促使魏源的目光从经义学术领域转向影响国计民生的"经济"，从而更留意"经济"之学的话，那么，《皇朝经世文编》之后的中国，恰恰有越来越多的愤世忧国之人接受了龚自珍的"自改革"思想，并为"自改革"设计了多种政治方案。以往的近代史告诉我们，中国近代以来的思想解放，是"外因"作用的结果，也就是说，中华帝国的自大幻觉和昏睡状态最终是被西方炮舰"唤醒"的，是对西风东渐的一种回应。这种看法显然忽视了中国思想先驱的存在，这是不符合事实的，或者说只是部分地符合事实。持有这种观点的人显然对传统文化的复杂性和发展动力估计不足，所以才得出了有悖于历史真相的结论。

同样的道理，否认中国近代以来的思想解放与西方冲击的相关性，也是不符合事实的。显而易见的是，中国与西方在近代以来的冲突，的确给传统的中国儒家学者以强有力的刺激，对此，他们不能不做出强有力的回应。但这种回应就像我们看到的那样，一定是从儒家传统思想中发展出来的，沿袭了儒家固有的对社会的关怀与思考。事实上，有两大因素对龚自珍之后的"自改革"产生了直接的影响，一个来自虎视眈眈的外部世界，一个来自帝国内部以改变精神信仰及种族革命为特征的太平天国，也就是龚自珍所说的"劲改革"。这两大因素在历史进程中其实倒是你中有我、我中有你，它们交互作用于那些始终关注中国未来前途命运的人，不过，论述的时候我只能分而治之。

先说前者。这里涉及十九世纪初至二十世纪初百余年来大清帝国与西方列强的关系史。说到中华民族与外民族的关系，那是非常悠久的，即便是与西方各国的关系，也绝非始于此时。但此时的西方却已不同于彼时的西方。经过十五世纪、十六世纪、十七世纪的文艺复兴运动，特别是十八世纪的启蒙运动，西方在各个方面都发生了根本性的改变，"它把那些我们今天仍生活于其中、为之奋斗或奋力反对的革命性思想置于千百万人（不仅仅是中产阶级）意识的中心"（彼得·盖伊著，汪定明译《启蒙时代》，克兰·布林顿所作前言，中国言实出版社2005年1月版），并进而引发了宗教革命、工业革命、民主革命、科学革命、知识革命等一系列的革命。这时的西方扮演了一个征服者的角色，它以"蒸汽机和其他思想学术上不断的新发展作推进器"（李剑农著《中国近百年政治史》导论，4页，复旦大学出版社2007年9月版），要把这一系列的革命成果推向全世界。马克思和恩格斯在《共产党宣言》中也指出了这种历史大趋势："由于一切生产工具的迅速改进，由于交通的极其便利，（它）把一切民族甚至最野蛮的民族都卷到文明中来了。它的商品的低廉价格，是它用来摧毁一切万里长城、征服野蛮人最顽强的仇外心理的重炮。它迫使一切民族——如果它们还不想灭亡的话——采用资产阶级的生产方式；它迫使它们在自己那里推行所谓文明制度，即变成资产者。一句话，它按照自己的面貌为自己创造出一个世界。"（马克思、恩格斯著《马克思恩格斯选集》第一卷，255页，人民出版社1972年5月版）

这样，到了十九世纪初，也就是清嘉庆年间，初步实现了工业化，乃至近现代化的西方各国，开始强迫中国进入西方诸国的经贸体系。在十九世纪以前，中西是没有邦交的，中国甚至不承认其他国家的平等地位。这是因为，中国的经济一直是自给自足的，对西洋的商品没有任何需求。所以，西方人如果到中国来，就只能得到琉球人、高丽人一样的待遇，只能尊中国为上国而自居为藩属之国，任务也不是交易，而是向"天朝"进贡。中国这种自大的态度曾经施于葡萄牙、荷兰及俄罗斯，也曾让英国特使马戛尔尼和亚墨哈斯的外交努力归于失败，原因不是别的，都是为了所谓的体统问题、仪式问题，而置两国的平等外交关系于不顾。其实，清政府最初并不禁止与外国通商，所谓中国的闭关自守，只是后来者不顾事实的一种臆想。那时，清政府为了获得商业流通所必需的白银，只能靠输出丝绸、茶叶、陶瓷、大黄、漆器、棉布、家具、墙纸等产品的国际贸易。清顺治十二年（1655），清政府下令沿海各省实行全面海禁，不许片帆入海，违者立置重典，目的是要加强对东南诸省的统治，对付在东南沿海一带坚持抗清的南明政权。直到康熙二十二年（1683），清军收复台湾，郑氏政权灭亡，清政府才于次年十月开放海禁，允许造船出海。又一年，开设广东广州、福建漳州（一说厦门）、浙江宁波、江南云台山四个对外贸易口岸，加上专门与俄罗斯人进行贸易的恰克图，是为"五口通商"。这样一来，清政府的财政困难很快也就缓解了。

尽管有了四个开放口岸，中西贸易的条件比海禁时期有所改善，但西方各国商人并不满意，他们仍然觉得清政府规矩太多、关税太重，便想方设法破坏这种贸易体制。到处寻求市场的英国商人尤其不肯多受制约，他们不断在中国沿海挑起事端。清政府的态度是多一事不如少一事，乾隆二十二年（1757），颁令禁止洋船赴浙江贸易，以往的"四口通商"改为专限广州一口。两年后，英国商船通事洪仁辉以交结内地奸民并图谋违例别开海口，被解送澳门圈禁，圣谕又命两广总督李侍尧传集外商，示以禁约，这便是著名的《防夷五事》。从此，对外贸易严加限制，只能通过广州"十三行"进行。这样一来，西方各国更加不满了，为首的英国要改变这种局面，便有了英使马戛尔尼和亚墨哈斯两次来华寻求谈判解决。他们的无功而返大大地刺激了英商的鸦片走私贸易，尽管清政府一再严令禁止，但由于地方官吏的腐败和查禁的困难，鸦片贸易竟愈演愈烈，不仅使大批中国人的身心受到伤害，也造成了中国白银的大量外流。1833年，英国取消了东印度公司的对华贸易垄断权，代之以政府出面和中国进行交涉，竭力推进对华贸易。这一年的12月，律劳卑以驻华商务总监督的身份来到广州，要求与两广总督对等往来，遭到时任总督卢坤的拒绝。他竟下令军舰突入虎门，炮击防兵，进驻黄埔，准备以武力和中国对抗。这时，中英之间因鸦片走私贸易而发生的那场著名战争，已经不可避免。（以上参阅并引述了黄时鉴主编的《解说插图中西关系史年表》清代部分，浙江人民出版社1994年10月版，以及萧一山的《清代史》，辽宁教育出版社1997年3月版）

中国这时的情形又如何呢？1644年，清顺治元年，明崇祯十七年，正当明清两朝兴替的时候，一个经济、文化都十分落后的"边夷"，取代了经济、文化都十分发达的大明帝国而入主中原，成为中国的统治者。清在当时是异族，"清人入关，内满外汉，政治大权，操在宗室旧侣之手，视汉人若奴隶，然而绝大多数的民众，却是汉人。其统治之方法愈严，则反抗之思想愈烈，而畛域之见也愈深了。汉奸降人，为避嫌远祸计，不惜降志辱身，以媚兹一人，丧失了臣僚的体态，助长了君主的权威。生杀予夺，唯意所欲，祖宗历史，随便捏造。一人犯颜，株连九族；只字不敬，殃及枯骨。人民慑伏于积威之下，不特无言论集会结社之自由，且亦无治学谋生思想之自由，于是士子相率钻研于故纸堆中，而考据训诂之小学遂风靡于一世，置明道救世之大学——经世学——而不敢讲，买椟还珠，号称汉学复兴，实际是瞀世的俗学"（萧一山著《清代史》，5页）。

这里所说应该是乾、嘉以前的情形。有清一代，康、雍、乾三帝，在位时间总共 138 年，其间固然有开拓疆土、发展经济的功绩，乾隆甚至自诩为"十全老人"，称其一生有"十全武功"。但也恰恰是雍、乾父子在位期间，个人独裁的君主专制体制和民族压迫都被推向了极致。在这百余年里，文字狱愈演愈烈，有据可查的大小案件不下百起，被处以死刑的就有二百多人，受到株连而被处以各种刑罚的人更是不可胜数，其规模之大、持续时间之长，在历史上是空前的。这样做可以认为是要求得国家的政治稳定，排除内部的异己势力，巩固皇朝的极权统治，但效果适得其反，乾隆晚年，已是满朝万喙息响、鸦雀无声。这自然不是个好兆头，最直接的收获，就是读书人远离政治，不再关心国家的前途、民众的疾苦，放弃本该承担的天下兴亡的责任，或奋志科名、读书求仕，或钻入故纸堆中，以考据训诂终其一生。结果是官尽为贪官，士多为俗士，兵自为庸兵，民固为愚民。实际上，就在乾隆的文治武功都达到极盛的时候，其衰靡的气象已经显露出来了。他所留下的帝国遗产，非但外强中干，而且从内到外、从上到下普遍腐败，那情形颇有些像《春秋公羊传》所形容的"鱼烂"。龚自珍有一首诗就嘲讽了这种现象：

金粉东南十五州，万重恩怨属名流。
牢盆狎客操全算，团扇才人踞上游。
避席畏闻文字狱，著书都为稻粱谋。
田横五百人安在？难道归来尽列侯？
（龚自珍著，刘逸生、周锡馥笔注《龚自珍编年诗注》，204 页）

在诗人看来，这些都是很令人感到悲愤和伤痛的现象，他在诗的最后愤而质问：当年田横手下还有五百义士，如今这样的义士又在哪里呢？难道都被朝廷收买，入朝为官去了吗？他这一问，其中已经包含着答案。除了少数先知先觉者和知识精英，绝大多数人都难逃罗网。所以，咸、同时代曾经有过"天下不乱于长发贼而乱于汉学"的说法，那意思不过是说，以汉学为避风港逃避政治的士子学人对国家的衰靡负有责任；虽然他们的治学方法如梁启超所说也是一种极有科学精神的方法，可惜，他们的科学精神、聪明才智却完全锢蔽于故纸堆中，对于中国当时的政治及社会生活，未能发生任何影响。于是，进入十九世纪，也就是嘉庆、道光时期，帝国的统治危机就渐渐地发生了。先是1840年在鸦片战争中败给了英国，双方签订了《南京条约》及后来的《虎门条约》。不过，清政府从皇帝到各级官员，连士大夫阶层在内，并没有从这次失败中吸取教训，正视自身存在的问题，锐意改革，龚自珍提出"自改革"至此已近三十年，甚至没有得到有价值的回应。那时的文人忧国者，多以条约中所规定的五口通商为祸根，认为这是最令人痛心疾首的，竟不明白世界经济贸易一体化、国家、社会和人的近代化、现代化已是天下大势、世界潮流。结果，1860年又受辱于英法联军，北京失守，皇帝外逃，圆明园毁于一旦，最终以订立《北京条约》了结。蒋廷黻就曾指出："倘使同治光绪年间的改革移到道光咸丰年间，我们的近代化就要比日本早二十年，远东的近代史就要完全变更面目。可惜道光咸丰年间的人没有领受军事失败的教训，战后与战前完全一样，麻木不仁，妄自尊大。直到咸丰末年英法联军攻进了北京，然后有少数人觉悟了，知道非学西洋不可。"（蒋廷黻著《中国近代史》（插图本），35页，上海古籍出版社2004年7月版）

　　历史固然不能假设，中国也绝非铁板一块。清朝统治者虽然煞费苦心搞定了汉族的中、上层分子和政府官员，包括那些追求功名利禄的读书人、士大夫，把他们改造成了没有操守、不讲廉耻的奴才。但是，总还有少数特殊人物，不是科举功名所能诱惑的，也不是所谓学问能够囚禁的。如果说乾、嘉时期主要还是那些思想异端、不肯就范的汉学家，他们最先觉察到运行中的君主专制政体并非十全十美，无处不在的政治腐败如不加以铲除，势必危及帝国的长治久安，因此发出"自改革"呼声的话；那么，道、咸之际，因为有了对西方列强两次战败的伤痛，又有太平天国从反面提供的教训，这时的思想界不仅对"自改革"有了更具体、更深入的进一步思考，而且，思考者的构成也不再仅仅限于从汉学中分化出来的经今文学者，朱维铮认为，至少有三类人为晚清后期新思潮贡献了他们的聪明智慧，他指出："一是在华的欧美人士，二是与欧美在华经商、传教、办报、兴学等活动有密切联系的民间人士，三是渴望改变帝国积弱现状的南方青年士绅。"（朱维铮、龙应台编著《维新旧梦录——戊戌前百年中国的"自改革"运动》导读，52—53 页）

魏源或许不在这三类人之列，但他祖籍湖南邵阳，倒也算得上南方士绅。咸丰元年（1851），他 58 岁，显然已经不年轻了。大约十年前，他便完成了一生中最重要的两部著作：《圣武记》和《海国图志》。他与龚自珍年轻时就是很好的朋友，关系极为密切。龚自珍长他两岁，但比他似乎少了些世故。他在三十岁的时候曾写信给龚自珍，劝他不要把"密友之争""促膝之言"都在酒席宴上公之于众，"此事要须痛自惩创，不然结席非一日可改，酒狂非醒后所及悔也"。（李瑚著《魏源诗文系年》，37 页，中华书局 1979 年 3 月版）龚自珍一生的悲剧命运显然都与自己的这种性格有很密切的关系。他与林则徐相见却是很晚的事了，道光二十一年（1841），林则徐因鸦片战争事获罪，遣戍新疆伊犁，七月中旬，途经京口（今镇江），见到了魏源。就在此地此时，"二人同宿一室，对榻倾谈。林则徐把有关《四洲志》的全部资料交给魏源，希望魏源编撰《海国图志》"。（来新夏编著《林则徐年谱新编》，499 页，南开大学出版社 1997 年 6 月版）魏源没有辜负林则徐的重托，他以一年零三个月的时间，就完成了这部五十卷（一说六十卷）的巨著。他在《海国图志》序的开篇就交代了该书的来历："《海国图志》六十卷，何所据？一据前两广总督林尚书（林则徐）所译西夷之《四洲志》，再据历代史志及明以来岛志及近日夷图、夷语。"（魏源著《默觚——魏源集》，270页，辽宁人民出版社1994年9月版）尽管有人怀疑他的能力和诚意，指控其《海国图志》侵犯了林则徐的知识产权，剽窃了林则徐请人翻译的《四洲志》，但应当承认，魏源在《海国图志》里所说的话，大半都是林则徐的见解。他们倡导以夷制夷，师夷长技以制夷（另有提法增加了"以夷款夷"）。后来，日本人把这部书译成日文，促进了日本的维新事业。"为什么我们反倒落后呢？"著名学者萧一山这样提出问题。他请我们注意魏源是怎么说的：

然则执此书即可驭外夷乎？曰：唯唯，否否！此兵机也，非兵本也；有形之兵也，非无形之兵也。明臣有言："欲平海上之倭患，先平人心之积患。"人心之积患如之何？非水，非火，非刃，非金，非沿海之奸民，非吸烟贩烟之莠民。……愤与忧，天道所以倾否而之泰也，人心所以违寐而之觉也，人才所以革虚而之实也。……去伪，去饰，去畏难，去养痈，去营窟，则人心之寐患祛其一。以实事程实功，以实功程实事，艾三年而蓄之，网临渊而结之，毋冯河，毋画饼，则人才之虚患祛其二。寐患去而天日昌，虚患去而风雷行。《传》曰："孰荒于门，孰治于田？四海既均，越裳是臣。"（同上，270—271页）

于是他说："这种心理建设，文化改革的议论，到现在都还有极大的价值。我们虽痛心改革之不早，而尤痛心改革之不实。只凭几个人提倡就行了么？所以我们虽有《海国图志》，却无'明治维新'。"（萧一山著《清代史》，131页）其实不止于魏源，道光、咸丰年间具有新思想的人，大约都或多或少受到他的影响。然而，继魏源之后于 1848 年作《瀛寰志略》的徐继畬（1795—1873），至少已在对夷的态度上超越林则徐。当时他正在福建巡抚任上，此书刊行后第三年，即咸丰元年（1851），他因准许西方传教医师入福州城内行医，被闽省士绅控逐，调降太仆寺少卿，不久被削职。此事背后便有林则徐在支持和领导。徐继畬的这部书，虽然篇幅仅及《海国图志》的五分之一，但内容更加翔实全面，远胜于魏源的《海国图志》。他在书中对英国议会制度、上下两院的介绍，一新中国人的耳目，同治、光绪时的洋务大员和维新人士，几乎没有不通过此书而了解外部世界的。当年梁启超就通过阅读这部书，第一次了解到在中国之外还有一个闻所未闻的崭新世界，一种富强民主的新型国家体制。

冯桂芬是林则徐的门生，他的《校邠庐抗议》写于林则徐死后十一年，即咸丰十一年（1861）。这一年，英法联军攻占北京，咸丰帝仓皇逃往热河，并于耻辱中死去。这时，太平天国战争正进行得如火如荼，上海小刀会与太平军遥相呼应，冯桂芬恰好避难于上海租界之内。他不仅协助租界内华洋居民合作对付小刀会，而且说服曾国藩，用洋船运载李鸿章新建的淮军，通过太平军控制的长江防线，到上海打击太平军的主力，后被李鸿章尊为军师。"校邠庐"就是他在上海的住所。他在该书自序中解释"抗议"二字，谓借用《后汉书·赵壹传》中的话，意思是位卑而言高，"明知有不能行者，有不可行者，夫不能行则非言者之过，而千虑一得，多言或中，又何至无一可行？存之以质同志云尔"。（冯桂芬著《校邠庐抗议》自序，2 页，上海书店出版社 2002 年 1 月版）他的这部著作，凡四十篇，附二篇，内容均为针对时弊所提出的具体改革方案，而在此之前，似乎还没有一部专门讨论如何进行改革的专著。这就难怪，戊戌变法中，光绪帝要求直隶总督荣禄迅速印刷这部书，颁发给各衙门，要他们悉心核看，并提出可行的具体办法。至于他提出的"以中国之伦常名教为原本，辅以诸国富强之术"（冯桂芬、马建忠著《采西学议——冯桂芬马建忠集》，

84 页，辽宁人民出版社 1994 年 9 月版），则比林则徐的追求"船坚炮利"和魏源的"师夷长技以制夷"都更进了一步，开了洋务派"中学为体，西学为用"的先河，也为清帝国的"自改革"确定了未来取向。梁启超称之为："虽于开新条理未尽周备，而于除旧弊之法，言之甚详。"（朱维铮、龙应台编著《维新旧梦录——戊戌前百年中国的"自改革运动"》，115 页）

咸丰后，清政府的"自改革"进入了加速期。原因有这么几个：一是改革的必要性看得更清楚了，从 1840 年到 1860 年，二十年时间，两次战败，打破了中华帝国不可一世的神话，看到了中国与西方国家的差距，这种差距不仅表现在军事、技术上，也表现在文化、组织上；二是改革的紧迫性也显露出来，太平天国的发生对清政府是一次严正警告，再不进行改革，政权就有被颠覆的危险；三是改革的可能性已经具备，一批满、汉高官如恭亲王、文祥、曾国藩、李鸿章等，他们从战争中得到教训，知道不改革没有出路，只有改革才能自强，因而积极推动和参与到改革的实践中去，一些外国人，无论出于什么理由和目的，也愿意帮助中国的改革，他们不仅愿意卖武器给中国人，还愿意帮助中国人建工厂、开矿山、修铁路、办学校，培养各方面的人才；四是改革的后备力量、生力军正在形成，更多的人开始走出国门，与西方人打交道，了解西方，他们的身份有商人、报人、学生，以及清政府派出的驻外使臣，他们得风气之先，最容易为改革的美好前景所感染、所鼓舞，像王韬、郑观应、郭嵩焘、薛福成、曾纪泽、马建忠等，他们虽不公开反对"中体西用"，却用西学中源、天下一道之类的说法，试图填平中西之间所存在的"体"的鸿沟。王韬就一再著文称道英国政体，即君主立宪的制度优越性，以为西方所以打败中国，除了先进的军事技术和武器装备，背后还有他们先进的政治制度和思想、文化。

其结果便是从同治元年（1862）到光绪二十年（1894）的所谓

"中兴"。这是洋务派最活跃的时期，他们集合在"自强"的旗帜下，内有恭亲王和文祥在京主持，外有曾国藩、李鸿章等在各地推动，事情做了很不少，其中主要有训练新军，设立同文馆、译书局，开办江南机器制造局、福州造船厂、轮船招商局和开平矿务局，开办天津武备学堂、水师学堂、船政学校，设立电报局，购买炮舰和铁甲兵船，创建南洋、北洋海军，向西方各国派遣留学生等，总而言之，不出于军事、经济这两方面。即使是兴学堂派留学生，也全为军事、经济起见，或者为造就翻译人才。至于政治、教育、思想、文化及制度上的根本改进，还没有进入他们的视野，这是因为，他们的思想完全被中国文物制度比西方优越这种观念遮蔽了。梁启超对李鸿章的批评，便指出了洋务派最根本的问题，就在于"知有兵事而不知有民政，知有外交而不知有内治，知有朝廷而不知有国民"，总之是"知有洋务而不知有国务"。（梁启超著《饮冰室合集·专集》之三，中国四十年来大事记（一名李鸿章）第六章洋务时代之李鸿章，33—42 页）郭嵩焘也看出了洋务派的这种缺陷，他在中法战争前就曾写信给李鸿章，向他指出在派遣留学生这件事上中日做法的不同，并坦承中国的做法不如日本眼光放得长远，希望他改变其方针，把"洋务"的范围再扩大一些，不要把眼光只盯在军事和军械上。

李鸿章虽然只"知有洋务而不知有国务"，但他毕竟还知道一点洋务。很多与他同时代的官员和学者，连他所知道的这点洋务也是不屑的，"李鸿章所以为一世俗儒所唾骂者以洋务"（同上）。实际上，他们在这条路上每前进一步，都会遭遇保守势力的激烈反对。这些人自以为中国的政治制度和立国精神已经尽善尽美了，是无须向西洋学习的，殊不知，阻碍他们搞"洋务"的，恰恰是这些旧的制度和旧的思想。梁启超说他"惟知练兵而不知有兵之本原，惟知筹饷而不知有饷之本原，故支支节节，终无所成"（同上），实在是没有说错。他们后来的失败很重要的一方面就在于此。清光绪十年（1884），中法战争，清流葬送了福州的船厂和舰队；光绪二十年（1894），中日甲午战争，北洋舰队又败在小小的岛国日本手里。至此，洋务派以自强为标志的"自改革"也就走到了尽头。他们不能成功，一是自身的局限，不能在改革的路上义无反顾地走下去，心中还有破除不了的"魔障"，虽然很向前走了几步，但还是停在了半路上；二是顽固的、保守的势力太过强大，知识阶层觉悟得还太少。中国式的"以复古为解放"，一旦解放到孔孟这里，对于传统士大夫来说，恐怕也就走到头了。其内在逻辑决定了他们非从老祖宗那里解放出来不可，否则便无法继续向前发展。而这一切都将有待于新的时代和新的人物出场。

第一章

梁启超走到了历史的拐点上

一、甲午战败，败于守旧强而革新弱

光绪二十一年（1895）是中国近代历史的转折点，也是道光、咸丰以来"自改革"运动内部演变的关节点，而触发这种转变的，正是发生在前一年的清日甲午战争。甲午年（1894）农历七月初一日，中日两国同日宣战，直到次年三月，李鸿章与伊藤博文签订《马关条约》，战争以日胜清败而告终，清政府承认高丽独立，割让辽东半岛、台湾及其附近岛屿，赔款白银二万万两。

这次失败给予中国人的刺激是极大的，尤其是那些年轻的学人士子，中国败给日本固然被他们视为奇耻大辱，但更让他们惊叹不已的，却是日本明治维新以来整个国家所发生的根本改变。他们看到，自 1868 年（清同治七年）明治天皇组建新政府，实行近代化政治改革以来，不到三十年，日本便"以区区三岛，县琉球，割台湾，胁高丽，逼上国，西方之雄者，若俄若英若法若德若美，咸屏息重足，莫敢藐视"。（梁启超著《饮冰室合集·文集》之二，29 页）在与西方交往中一直为屈辱感所压迫的中国人，不能不对日本所取得的成就深感羡慕妒嫉恨，梁启超因此而感叹："真豪杰之国哉。"（同上）

受雇于江南制造局的美国传教士林乐知，在甲午战后编纂了一部《中东战纪本末》，书后附有日本明治维新以来第一代驻美公使森有礼编纂的《文学兴国策》译本，他还撰写了一篇序言，善意地提醒中国人，此次战败，追根溯源，就在于中日两国对待"西法"的态度完全不同，日本崇尚"西法"，首先引进的是"政教风俗"，并"厘定新政二端，以为变化之根本"。具体说来就是，一为强化君权，废群侯，尊一主，将分封改为郡县，使权力集中于君王一人；二为改变民心，务使人各自主，参政议政，上下相通，君民相亲。"故明治亲政之时，特集公卿诸侯，明示诰诫五条：一曰内外政事，决于公论；二曰上下一心，以谋富强；三曰文武并重，各遂其志；四曰一洗旧习，而归正道；五曰广求智慧，不分中外"。在此基础之上，又"取泰西各国兵农工艺，一切有益之良法，次第行之，以增长其智慧，日新其教化，奠安其国家"；尤其重视发展现代教育，"延聘泰西之名师，大兴日本之新学，至今学校盛行，分门别类，节目繁多"，几乎达到了美国的水平。所以，仅仅二十余年，日本就从一个"侯国争雄，事权不能归一；将军专政，君位几于虚存"的古代君主国，变成了君主立宪的近代新式国家，不仅经济、技术取得了长足的进步，国家之富强，亦与之俱进，而且，政治制度、政府组织、国民精神的焕然一新，更进一步造就了政府和国民的统一意志和集体行动能力。这个林乐知，诚心诚意"为今日之华人告哉"，他说："日本崇尚新学，其兴也浡焉！中国拘守旧学，其滞也久矣！""今中国如欲变弱为强，先当变旧为新。"（以上参见朱维铮、龙应台编著《维新旧梦录——戊戌前百年中国的"自改革"运动》，178—183页）

但中国人何以报答他呢？守旧的大臣们看他自然像危险的境外势力，居心叵测，有颠覆其统治的嫌疑，便借口其中有两篇文章强调基督教在道德教育中的重要性，查禁了《文学兴国策》一书，不准它与正文一起销售。这便是当日中国的情形。那时，中国的改革虽有恭亲王、文祥、曾国藩、左宗棠、李鸿章等国亲重臣、督抚大员从内到外的积极倡导和推动，他们的确也从英法联军、太平天国的教训中看到了改革的必要性和迫切性。但是，实际掌握国家最高权力的圣母皇太后却并未把改革变法作为基本国策，她更担心的倒是不要因两度垂帘听政落下背叛祖制的恶名。于是，不能改变祖宗成法就成了她的护身符，也是她手中先为叔嫂斗法、后为母子斗法的利器，这种永无休止的宫廷政争，即使是在决定国家命运的时刻亦不能避免。其次，在野的士绅和在朝的官僚们，很少对改革变法表示支持，更多的倒是反对和阻挠。这里大致有两种情况，一种是所谓正途出身的清流君子，他们多以"风节"相标榜，讲究"义利之分"，又有"直言敢谏"的名声，他们反对洋务派官僚的对外妥协政策，鄙视其为"洋务小人"。他们被慈禧利用来打击恭亲王，削弱其权力和势力，客观上成为阻挠清政府"自改革"的一种势力。他们的结局都不怎么样，中法战争使得这些不懂军事、空谈误国、大言不惭的书生身败名裂，或充军，或罢官，或隐退，只有张之洞转型较快，脱离"清流"而转向"洋务"。

还有就是守旧的士绅、官僚和满洲权贵，他们的领袖就是慈禧。这个女人自己是名教的罪人，却拿名教做护身的法宝，动辄以"祖制""家法"陷人于不义或置人于死地。所以，那时的人们没有几个敢于公然地对"祖制""家法"发起挑战，即使是曾国藩、左宗棠、李鸿章这班人，他们在提倡洋务、推行新政、模仿西法的时候，也不能无所顾忌。一方面，他们能够成事并得到慈禧的信任和依赖，很大程度就在于肯出死力，维护名教。在他们看来，中国的文物典章制度是最好的，有其自身的优越性，比泰西各国都要高级，根本用不着取法于他人。因此，他们模仿西法的努力方向依然还是魏源的"师夷之长技以制夷"，主要表现为买舰买炮、建厂开矿、办学译书、通邮修路，不一而足。而另一方面，他们又必须同时兼顾来自清流和守旧两派的攻击。前者为了标榜自己"爱国"，常以办洋务、讲外交为丧权辱国，甚至把对外强硬乃至不惜一战视为维护"我大清"体统的不二法门。他们批评洋务派见利而忘义，守旧派则完全否认"模仿西法"的合理性与合法性，在他们眼里，西方的一切都如同洪水猛兽。梁启超在《五十年中国进化概论》一文中曾经提到过首任钦差出使英国大臣郭嵩焘的不幸遭遇，他说："记得光绪二年（1876），有位出使英国大臣郭嵩焘，做了一部游记，里头有一段，大概说'现在的夷狄和从前不同，他们也有二千年的文明'。嗳哟，可了不得，这部书传到北京，把满朝士大夫的公愤都激动起来了，人人唾骂，日日参奏，闹到奉旨毁版才算完事。"（梁启超著《饮冰室合集·文集》之三十九，43页）

可见，当时政府和士大夫中守旧势力之强大，是我们难以想象的。同治元年（1862）北京设立同文馆，提倡新学，本为应对西方国家的挑战。但肯来上学的人很少，都以为学了洋文，便是降了外国，对于学生家庭，也连带发生歧视，甚至有断绝亲戚关系的，说明那个时候的社会思想是多么狭隘和保守。大学士倭仁就曾上书皇帝，表示反对，他说："窃闻立国之道，尚礼义，不尚权谋；根本之图，在人心，不在技艺。今求之一艺之末，而又奉夷人为师；无论夷人诡谲，未必传其精巧；即使教者诚教，学者诚学，所成就者不过术数之士。古今来未闻有恃术数而能起衰弱者也。"（李剑农著《中国近百年政治史》，117—118页）这是"以德救国论"的经典表述，据说在光绪初年，洋人修成一段淞沪铁路，"爱国"的士大夫们便群起而攻之，逼迫政府出钱收回，然后拆毁，连铁轨都要丢到海里去。因为他们把火车、轮船都视为不祥之物，是洋鬼子的奇技淫巧，有人要将其引进中国，自然要激起这些卫道士的义愤。在这种情形之下，纵有一二先知先觉者想挽救这个国家于危难之中，也不得不顾忌来自这个体制之内的各种威胁，以求自保。有过一种说法，甲午战争后，中日两国议和于日本马关，李鸿章与伊藤博文初次相见，便感叹道："阁下在贵国所兴之事，大著功效，鄙人亦久愿在敝国仿行之，惜一言新学，即有言不能尽之难处，如阁下设身以处鄙人之地位，当亦知其甚难矣。"（林乐知著《文学兴国策序》，朱维铮、龙应台编著《维新旧梦录——戊戌前百年中国的"自改革"运动》，182页）

不知伊藤博文当时作何感想，对于李鸿章的这种"言不能尽之难处"，我们却是可以想象的。这是洋务派的"软肋"，他们既是知其不可而为之，也是心有余而力不足。他们所坚持的"中学为体，西学为用"，最终成为束缚改革，同时束缚其自身的一根绳索。结果是使中日两国国势竞争的第一回合以中国败日本胜而告终。日本变法三十年而大成，中国虽然也汲汲于自强而改其旧法，其结果却南辕而北辙，这足以让年青一代对前数十年的所谓改革变法产生疑问。如果说此前西方国家也曾多次向中国人显示出他们的制度优越性，但对中国人来说，却从未像这次在日本身上看得如此真切。这是中国人第一次亲尝了君主立宪优于君主专制的滋味。至此，洋务派所标榜的"中学为体，西学为用"的核心价值终于破产，以康有为、梁启超为代表的新一代思想者、"自改革"的推动者，将以新的姿态走上政治舞台。他们愤而反思旧有体制在应对新的历史大变局时的无能为力，发出了救亡保种、维新变法的呼声。他们大胆地提出，中国也应该像日本一样，经历一次政治革命，而不仅仅是以洋务运动为中心，局限于经济体制和行政体制的改良。

二、康有为抄袭廖平的一段公案

康有为（1858—1927），字广厦，号长素，又号更生，广东南海县人。咸丰八年（1858）二月初五生于南海县西樵山北之银塘乡的敦仁里。康家在乡里属于名门望族，历代为官，曾祖父、祖父都曾讲学于乡里，"专以程朱之学，提倡后进"，梁启超称其"世以理学传家"（梁启超著《饮冰室合集·文集》之六，59页）是不差的。康有为早年丧父，幼年教育则仰仗于祖父康赞修。他在康有为出生时曾作诗记之，其中有"书香再世汝应延"一句，蕴涵着他对孙子的殷殷期望。康赞修很看重这个孙子，春秋佳日，常带他出游，以增长其见识，并"授以诗文，教以道义"，不仅使他"知识日开"，也给他的人格和思想染上了一层"圣贤之学"的底色，使得他在很多方面都表现出早熟的特点，不苟言笑，表情严肃，动辄便以"圣人"为标准约束自己的言行，乡里的孩子都戏称他"圣人为"。十一岁时，他随祖父住在连州官舍，不仅有机会读了《大清会典》和《东华录》这样的书，甚至经常阅读邸报，了解朝廷中正在发生的那些事，并以曾国藩、骆秉章、左宗棠等人为榜样，"慷慨有远志矣"。（楼宇烈整理《康有为自编年谱》（外二种），2—4 页，中华书局 1992 年 9 月版）

　　二十岁那年，祖父去世，他已先一年入礼山草堂，成为朱九江的弟子。朱九江也是南海人，与他祖父可称"畏友"，其学行都很为世人所称道，祖父所以送他到这里读书，或已考虑到孙子未来的成长。事后证明，这个安排对康有为来说至关重要，尽管当时他未必意识到了这一点。显而易见的是，朱九江的学术思想深刻地影响到康有为思想的形成，"其理学政学之基础，皆得诸九江"。（梁启超著《饮冰室合集·文集》之六，61 页）这里所谓"理学政学之基础"，具体说来，应该就是康有为所指出的："先生壁立万仞，而其学平实敦大，皆出躬行之余。以末世俗污，特重气节，而主济人经世，不为无用之空谈高论。"他还特别称道朱九江先生："发先圣大道之本，举修己爱人之义，扫去汉宋之门户，而归宗于孔子。"（楼宇烈整理《康有为自编年谱》（外二种），6 页）意思就是说，朱九江没有汉学、宋学的门户之见，既强调人格修炼，又提倡经世致用，一切以孔子的学说为标准，简而言之就是"内圣外王"，这对康有为未来的成长具有决定性的意义。他在后来所作《康有为自编年谱》中写道："于时捧手受教，乃如旅人之得宿，盲人之睹明，乃洗心绝欲，一意归依，以圣贤为必可期，以群书为三十岁前必可尽读，以一身为必能有立，以天下为必可为。"（同上，7 页）

如果说幼年的康有为被人戏称"圣人为"近乎玩笑，那么，长大成人的康有为已经把"成圣"作为可以实现的理想来追求了。

康有为入学三年，从老师朱九江那里"得闻圣贤大道之绪"，（同上，9页）一心要做圣人，渐渐对"日埋故纸堆中"的有效性产生了怀疑，他问自己："考据家著书满家，如戴东原，究复何用？"（同上，8页）他希望能为自己找到"安心立命之所"，甚至不惜"绝学捐书，闭户谢友朋，静坐养心"。他这样做，同学们都不以为然，且"大怪之"，（同上）因为他的行为已经偏离了老师的思想。梁启超在《南海康先生传》里特别讲到这点："九江之理学，以程朱为主，而间采陆王；先生则独好陆王，以为直捷明诚，活泼有用。"（《饮冰室合集·文集》之六，61页）于是，这一年冬天，他辞别朱九江，入西樵山，专意养心修道。

离开朱九江的康有为转而研究道家学说和佛学。道家是主张出世无为的，显然不符合康有为的要求，"在西樵山时，尝注《老子》，后大恶之，弃去"。（楼宇烈整理《康有为自编年谱》（外二种），9页）而佛学给予他的感受却完全不同，梁启超说他"潜心佛典，深有所悟"，悟出了什么？一是众生平等；二是"与其布施于将来，不如布施于现在""与其恻隐于他界，不如恻隐于最近"；三是舍弃出世而积极入世；（梁启超著《饮冰室合集·文集》之六，61页）总而言之，佛学中所包含的救世思想，和儒学济世救民的思想在他那里已经融为一体，甚至，儒家圣人的形象与佛家世尊的形象也被看做是无差别的，他曾经这样表述佛学给予他的启示："既念民生艰难，天与我聪明才力拯救之，乃哀物悼世，以经营天下为志。"（楼宇烈整理《康有为自编年谱》（外二种），9页）

这个时期，康有为开始接触到当时的所谓"西学"，他读过的书里，就有《西国近事汇编》《万国公报》，以及魏源的《海国图志》和徐继畬的《瀛寰志略》等，并有机会游历了香港和上海，这些经历给了他最初的关于西方的知识，他由此得出一个结论："始知西人治国有法度，不得以古旧之夷狄视之。"（同上，9—10页）然而，既有郭嵩焘和曾纪泽的前车之鉴，康有为敢发这种议论，难免被人视为大逆不道，而喜欢讲夷夏之大防的遗老遗少没有奋起讨伐他，不是他有多么幸运，只是那时的他社会地位太低，不足以引起人们的关注。光绪十五年（1889），康有为因第一次上书失败滞留北京，期间结识了沈曾植、沈曾桐兄弟。因他执意上书，却一再受到阻挠，心绪难平，沈曾植便劝他"勿言国事，宜以金石陶遣"（同上，16页），沈曾桐还把廖平作于光绪十二年（1886）的《今古学考》送给康有为，本意是想把他的兴趣引到训诂考据上来，意想不到的是，却由此引发了晚清学术史上康有为抄袭廖平的一段公案。

廖平（1852—1932），四川井研县青阳乡盐井湾人，初名登廷，字旭陔，光绪五年（1879）中举后改名廖平，字季平，是晚清著名经学大师王闿运的学生，经今文学派的重要人物，他的经学研究，"长于《春秋》，善说礼制"，（刘师培语，转引自蒙文通《井研廖季平师与近代今文学》，赵沛著《廖平春秋学研究》，2页，巴蜀书社2007年8月版）是最早以所说礼制有差异而区别今古文经学之不同的学者。他指出，经今文学强调制度，故宗《王制》；经古文学讲究仪礼，故宗《周礼》。至于《春秋》，二者的分歧也很大，后者以《春秋》为"记事者"，所谓鲁国编年史是也，孔子的作用犹如"述而不作"的史家；前者读《春秋》，更重视其中的"微言大义"，这些今文学家认为，孔子作《春秋》，目的是为后世立法，拨乱反正，即司马迁所说："《春秋》以道义。拨乱世反之正，莫近于《春秋》。"（司马迁撰《史记》卷一百三十，太史公自序第七十，3297页，中华书局1982年11月第2版）廖平的《今古学考》便发挥了经今文学的这种观点，把《春秋》看做是孔子为后王所制定的执政大纲，故以制度为要，并生发出相对于"内圣"的"外王之学"。康有为得到这部书或属偶然，但清代学术发展到今天，要有所翻腾变化，却又是势所必然。康有为接触经今文学不始于廖平的《今古学考》，自不待辩，但这部书给了他重要启示也毋庸讳言。所以，这年冬天，他在回到广州后，马上去见廖平。既然引为知己，廖平也很大方，竟把自己的近作《知圣篇》和《辟刘篇》一齐送给了康有为。很快，康有为就在此基础之上写出了轰动朝野的两部书《新学伪经考》和《孔子改制考》。

三、康有为的特殊贡献

康有为在任何场合都避免谈到这段经历，即使是在"自编年谱"中，他也讲得非常含糊："既不谈政事，复事经说，发古文经之伪，明今学之正。"（楼宇烈整理《康有为自编年谱》（外二种），16页）意思就是说，现在不谈政事了，重新研究经学，要揭露经古文学之伪，并为经今文学正名。然而，无论今文、古文，都属于考据学的范畴，他离开礼山草堂，难道不是因为考据学的寻章摘句、皓首穷经让他很不屑吗？这样说来，廖平的《今古学考》，未必对他的胃口。因为此时的康有为在学术上更倾向于"陆王"，考据于他怕是别有一番滋味。但是，他在读这部《今古学考》的时候，不会不想到刚刚经历的上万言书，倡言变法的失败，那些官员谨小慎微、多一事不如少一事的态度，让他感觉受到很大刺激，而廖平的《今古学考》恰恰使他看到了为改革变法寻找一种历史依据的可能性，这也许就是梁启超所说的"所治同，而所以治之者不同"吧？他在这里发现："畴昔言公羊者皆言例，南海则言义。惟牵于例，故还珠而买椟，惟究于义，故藏往而知来。以改制言《春秋》，以三世言《春秋》者，自南海始也。改制之义立，则以为《春秋》者，绌君威而申人权，夷贵族而尚平等，去内竞而归统一，革习惯而尊法治，此南海之言也，畴昔吾国学子，对于法制之观念，有补苴，无更革；其对于政府之观念，有服从，有劝谏，无反抗，虽由霸者之积威，抑亦误学孔子，谓教义固如是也。南海则对于此种观念，施根本的疗治也。三世之义立，则以进化之理，释经世之志，遍读群书，而无所于阂，而导人以向后之希望，现在之义务。夫三世之义，自何邵公以来，久暗忽焉，南海之倡此，在达尔文主义未输入中国以前，不可谓非一大发明也。"（梁启超著《饮冰室合集·文集》之七，99页）

按照梁启超的说法，康有为对于《春秋》公羊传的解读，自有其特殊贡献，是廖平所不及的。第一，《春秋》的主旨是讲"改制"，而其目标是人权、平等、统一、法制；第二，重新调整士与君，与朝廷和政府的关系，道统为政统提供合法性；第三，发展变化的进步历史观，历史经据乱世、升平世、大同世而向前发展，每一世都有自己的治理办法，康有为的变法主张最终获得合法性与合理性，恐怕就以此为出发点。却也不必讳言《新学伪经考》和《孔子改制考》在学术上穿凿附会、自相矛盾甚至不能自圆其说之处。梁启超就曾指出《新学伪经考》的问题，他说："实则此书大体皆精当，其可议处乃在小节目。乃至谓《史记》《楚辞》经刘歆羼入者数十条，出土之钟鼎彝器，皆刘歆私铸埋藏以欺后世。此实为事理之万不可通者，而有为必力持之。实则其主张之要点，并不必借重于此等枝词强辩而始成立，而有为以好博好异之故，往往不惜抹杀证据或曲解证据，以犯科学家之大忌，此其所短也。"至于《孔子改制考》，梁启超也坦言："有为之治《公羊》也，不断断于其书法义例之小节，专求其微言大义，即何休所谓非常异义可怪之论。定《春秋》为孔子改制创作之书，谓文字不过其符号，如电报之密码，如乐谱之音符，非口授不能明。又不惟《春秋》而已，凡六经皆孔子所作，昔人言孔子删述者误也。孔子盖自立一宗旨而凭之以进退古人去取古籍。"（梁启超著《清代学术概论》，78—79页）

梁启超太了解他的老师了，康先生哪里是要谈学术呀，分明是借学术谈政治嘛。钱穆批评康有为"抹杀一切，强辩曲解，徒乱后生耳目也"，这是站在学术立场上讲话；又说："若康、廖之治经，皆先立一见，然后搅扰群书以就我，不啻'六经皆我脚注'矣。此可谓之考证学中之陆王。而考证遂陷绝境，不得不坠地而尽矣。"他甚至感叹起来："二千年来经学之厄，未有甚于此者！"结果是"人心日伪，士习日嚣"。（钱穆著《中国近三百年学术史》下册，723—731页）言下之意，晚清一代学术风气之浮躁，先入为主，主题先行，康有为是脱不了干系的。但是也要看到，康有为的学术就是政治化的，他绝不会搞为学术而学术那一套。当时有位朱一新号鼎甫的，写信给康有为，逐条纠正他的错误，是很有点书生气的。比如他说："今更欲附会《春秋》改制之义，恐穿凿在所不免。"他的意思是想告诉康有为，汉代所说的改制，是指礼仪方面的改革，所依据的《王制》，也是汉儒后来得到的，应该说是"王制撣及公羊，非公羊本于王制"。至于《论语》、"六经"，以及诸子，更不能全用"公羊家法"来解释了，他说得很肯定："近儒乃推此义以说群经，遂至典章、制度、舆地、人物之灼然可据者，亦视为庄、列寓言，恣意颠倒，殆同戏剧，从古无此治经之法。"他尤为担心的是，康有为如此推重"公羊"，只讲"张三世""通三统"，而不言"异外内"，是很危险的，"且将援儒入墨，用夷变夏，而不自知"。（同上，728—732页）

朱一新和钱穆都是纯粹的学者，他们从学术健康发展的角度对康有为提出批评，是完全应该的，恰如梁启超所说，康有为犯了科学家的大忌。但他的功绩也是不能抹杀的，美国汉学家列文森在其名著《儒教中国及其现代命运》一书中便肯定了康有为作为历史开创者的贡献，他说："不管康是否是一位抄袭者，但正是他临危不惧地改变了历史。康有为采用了这些观点，是为了改革儒学，使儒学与近代的改革实践相结合，并付诸行动，从而为权威的儒学提供了最后一次服务于近代中国政治的机会，而廖平则只在言词上创新。"（列文森著《儒教中国及其现代命运》，277页，中国社会科学出版社2000年5月版）梁启超也曾很客观地评价老师的长处和短处："有为所谓改制者，则一种政治革命、社会改造的意味也，故喜言'通三统'。'三统'者，谓夏、商、周三代不同，当随时因革也。喜言'张三世'。'三世'者，谓据乱世、升平世、太平世，愈改而愈进也。有为政治上'变法维新'之主张，实本于此。有为谓孔子之改制，上掩百世，下掩百世，故尊之为教主；误认欧洲之尊景教为治强之本，故恒欲侪孔子于基督，乃杂引谶纬之言以实之；于是有为心目中之孔子，又带有'神秘性'矣。"（梁启超著《清代学术概论》，79页）

康有为的思想在当时颇具革命性，梁启超称为"思想界之一大飓风"，他指出，康有为的影响主要表现在两个方面："第一，清学正统派之立脚点，根本动摇；第二，一切古书，皆须从新检查估价。"（同上，78页）这种价值重估极大地解放了一向为儒家经义所束缚的学人士子的思想，他认为："近十年来，我思想界之发达，虽由时势所造成，欧美科学所簸动，然谓南海学说无丝毫之功，虽极恶南海者，犹不能违心而为斯言也。南海之功安在？则亦解两千年来人心之缚，使之敢于怀疑，而导之以入思想自由之途径而已。"（梁启超著《饮冰室合集·文集》之七，99页）很显然，作为晚清思想解放的有力推动者，康有为在处理孔子这个庞然大物时，内心是非常矛盾的。一方面，他不得不借孔子以为"鹄"，来宣传变法改制的思想，其实还是"托古改制"的老例，同时，他也看到了基督教在欧美各国的积极作用，以及在中国的传播和影响，由此想到以孔教（或儒教）对抗之，故欲尊孔子为教主。但他把神圣不可侵犯的孔子变成了一个可以讨论的话题，无论推崇他，还是谤议他，这本身就是一种冒犯，客观上已经破除了人们对孔子的迷信。谭嗣同后来的反孔、批孔，正是康有为思想合乎逻辑的发展。

对于《论语》，康有为也提出疑问，他指出，《论语》是孔子的学生曾子、子夏等再传门人所辑，其中比较多地体现了曾子、子夏的思想。然而，他们的思想并非孔子思想的全部，孟子已指出他们的缺点，就在于"未得圣人之全"，特别是孔子的"道"，他们的了解其实是非常有限的。其结果就是，"传守约之绪言，掩圣仁之大道"。（康有为著《长兴学记桂学答问万木草堂口说》，17页，中华书局1988年3月版）这样一来，内圣外王变成了独善其身，孔子的大"道"，最终变成了俗儒的小"道"，被矮化了。如果是这样的话，仅以《论语》为依据，欲得其道，几乎就是不可能的，所以他才说，"不尽可据"。（同上，18页）

梁启超既把有清一代学术史概括为"以复古为解放"，那么，康有为的思想这时便已经处在历史的拐点上，儒家心目中最圣洁的"三代"，在他看来只是孔子对其政治理想的建构和描述，而儒家传统所尊崇的"六经"，他认为基本上都已体现在《春秋》之中。他在《桂学答问》中曾对学生讲道："《春秋》所以宜独尊者，为孔子改制之迹在也。《公羊》《繁露》所以宜专信者，为孔子改制之说在也。能通《春秋》之制，则'六经'之说莫不同条而共贯，而孔子之大道可明矣。"他甚至告诉学生，抓住《春秋》就是抓住了政治的大纲，纲举而目张，即所谓"振其纲而求其条目，循其干而理其枝叶"，甚至包括"外夷之治乱强弱，天人之故，皆能别白而昭晰之"。（同上，30页）康有为这篇坦露心迹的谈话，说得已经很清楚了，复"古"复到这里，应当说已无古可复。这时，合乎逻辑的选择，一是向外，也就是向西方，寻求新的思想资源，从而使我们的思想来一番脱胎换骨的改变；二是落实关于变法、改制、维新的思考，把思考变成行动，推动清政府进行全面改革，尤其要推动帝国体制的全面更新。

前者，对康有为来说，有点勉为其难，他对西方的了解十分有限，他曾经读过的几本所谓"西学"，都是很浅显的知识，可以刺激他的想象力，但要改变其知识结构乃至其思想构成，还差得很远。这件事只能依靠那些曾经留学于欧美或出使访问过西洋、东洋的学人来完成。他们当中应该包括容闳、郭嵩焘、薛福成、黄遵宪、曾纪泽、严复等能给国人带来新知识、新思想的一群人。戊戌政变后，康有为的得意门生梁启超流亡日本，创办《清议报》《新民丛报》等报刊，为引进、传播西学，做出了突出贡献。至于后者，康有为则表现得相当积极和主动。我们知道，早在光绪十四年（1888）十月，他就写了《上清帝第一书》，并希望通过翁同龢转呈光绪皇帝。第一次上书没有成功，他并不气馁，很快又上了第二书、第三书，乃至第七书。数年之内，以一介布衣和正六品的工部主事，七次上书当朝皇帝，可算得持之以恒、坚韧不拔，其勇气和胆识都非庸常之人可比。

当时，主张改制、变法以求富强的士人、官员并非康有为一人，但康有为的不同，是博采众议，为实现这个目标设计了全面而大胆的改革方案，并且不择手段，要把自己的方案告知当今皇帝。他相信，只要说服了皇帝，一念之间，旋转乾坤，易如反掌。综合七次上书的内容，他的主张可以归纳为以下几个方面：其一，力主效法俄国、日本，变法改制；其二，设议郎，开议院，广开言路，以通下情；其三，改革教育，废除科举，兴办学校；其四，改革官制，削减机构，裁汰冗员；其五，改革财政，发展经济，鼓励致富；其六，裁撤绿营，训练新式军队；其七，鼓励出国留学，奖励翻译西书；其八，准许开设报馆，兴办学会；其九，设制度局，改革立法、行政。

除此之外，他还在士大夫中广求同志，宣传自己的思想和主张。首先是开办学校，聚徒讲学。第一次上书不成，他回到广州，很快就在陈千秋、梁启超的鼓动下，创办了万木草堂，聚集起最初一批学生，其中除了陈千秋、曹泰早亡，梁启超、徐勤、麦孟华、韩文举等，都成为他在变法维新大业中可以依靠的重要帮手。尤其是梁启超，对康有为来说，得此一人，等于得到一支生力军。梁启超自己也承认，他是康有为变法主张最猛烈的宣传运动者。在此期间，康有为两次到桂林讲学，并作《桂学答问》，阐述自己的学术思想，以惠门人。第一次在光绪二十年（1894），康有为因其《新学伪经考》被御史余联沅弹劾，为避此祸，也为讲学，他在这年秋天来到广西桂林；光绪二十三年（1897）正月，他又一次来到桂林。两次赴桂讲学，学生亦相当可观，这批康门弟子中，既有此后一直追随他的汤觉顿、汤铭三、龙泽厚、王颖初等人，也有后来矢志反清革命，加入同盟会的马君武。

这时，国内外局势也很帮他的忙。光绪二十一年（1895）春，他与梁启超等一同入京会试，恰逢清日甲午战争以日胜清败而告终。其结果是，朝野上下，群情激愤，人们很难接受堂堂中华帝国被小小日本打败，以及打败之后还要割地赔款的事实，一时间慷慨激昂地都要救国。康有为及时抓住了这个机会，他以变法图存号召云集北京的数千举子，上万言书，发动和组织了清代历史上最大的一次学潮。这次以"公车上书"为名载入史册的学生运动，最终使康有为成了一颗迅速升空的政治新星。他充分利用刚刚得到的这笔资源，在北京、上海参与了强学会的创办，北京的强学会还附设强学书局，刊行一种名为《万国公报》（后改名为"中外纪闻"）的报纸，由他的学生梁启超、麦孟华主持笔政；上海方面也办起了《强学报》。但由于《强学报》用了孔子纪年，引起张之洞的恐慌，很快就把它停发了。此时，御史杨崇伊又上了一道奏折，弹劾强学会，光绪当即下发谕旨，要求都察院将其封禁。不过，此时的康有为，身边已经趋集了一大批京内外的官僚士绅，像翰林院侍读学士徐致靖、御史杨深秀、给事中高燮曾，以及张荫桓、李端棻、杨锐、林旭、刘光第等，都是他的同志；

督抚中陈宝箴是他的支持者，张之洞最初也对他表示同情；至于黄遵宪、陈三立（陈宝箴之子）、徐仁铸（徐致靖之子）、汪康年、屠守仁、黄绍基等，都与他同气相求，湖南的谭嗣同，更是这一班人中的急先锋；还有袁世凯，当时也很积极地赞助强学会。强学会遭到封禁后，黄遵宪、汪康年等人便提议，以上海强学会的余款创办一份新报，即《时务报》，并请梁启超担任主笔。梁的文章大受时人欢迎，名声亦由此鹊起，康梁并称，便始于此时。

康有为从实践中深深体会到讲学、办报、开学会对于传播其思想，实现其主张的巨大作用。这个三位一体的社会政治运动模式，从根本上改变了近百年来"自改革"的局面。如果说早期"自改革"更多地局限于文人士大夫书斋里的思索和朝野间的"清议"，而洋务派的自强运动仅仅把"自改革"限制在经济的、物质的、"用"的层面的话，那么，康有为的改制变法已经在深度和广度两个方面极大地拓展了"自改革"的空间。他从政治、文化角度对西方国家所以富强的认识，解决了张之洞所主张的"中学为体，西学为用"的内在矛盾；他对中国传统精神价值与西方文明内在一致性的强调，进一步揭示了这种"体""用"二分模式的荒谬和反动，它不仅不能实现保存中国文化传统的目的，反而将挽救衰落文明所做的努力引入歧途。所以，他一方面主张以西方的君主立宪政体为楷模，改造中国固有的君主专制政体，另一方面又顽固地想要"复兴"孔教，以此来对抗基督教对国民精神信仰的侵犯和伤害。这里不仅暴露了康有为的局限，而且彰显出"自改革"可以达到的边界。突破其局限，跨过这道边界，则有待于一代新人，而梁启超便是其中的代表。

这是从深度言之。从广度言之，康有为的"三位一体"战略实际上将变法维新搞成了一场具有广泛社会影响的思想政治运动。如果说洋务派的自强运动是以对经济、物质、商业、财富的极大热情表明国家作为富强倡导者的态度，从而使人们放心大胆地追求财富而将精神信仰束之高阁，并在传统士绅中造就了第一代工商企业家，把他们变成了自己对手的话，那么，康有为则在更广阔的领域里为新的思想的传播开辟了道路，通过讲学，他把一大批青年士绅训练成了可以为变法维新献身的志愿者；通过办报，他把改制变革、民主富强的理想变成了民众发自内心的愿望；通过开学会，他在士绅阶层中进行了最初的民主训练，培养其基本的国民素质。所以，《时务报》之后，又有了澳门的《知新报》、湖南的《湘学报》《湘报》、四川的《蜀学报》、广西的《广仁报》、上海的《东亚报》《女学报》等，它们多为康有为的弟子或赞成康有为变法主张的学人士子所办。学会的创办，在经历了强学会被查封，短时间陷入低迷之后，借助德国强占胶州湾及俄国强占旅顺、大连等事件，再度兴起，北京开了保国会，各省的学会也相继开办起来，计有粤学会、蜀学会、闽学会、浙学会、陕学会、圣学会（广西）、南学会（湖南）等。到戊戌春夏之交，在全国范围内已经形成了相当浓厚的变法维新的气氛。然而，百日维新的大起大落，恰恰证明了缺少制衡权力黑箱运作的民主机制才是"自改革"的症结所在。康有为已经意识到这个症结的存在，但他无力解开这个症结。然而，这正是梁启超在严复、黄遵宪等人的影响下，继续努力探寻的方向。

第二章

梁启超的学术源流与思想构成

一、终于和康有为走到一起

梁启超（1873—1929），字卓如，一字任甫，人称任公先生，别号饮冰室主人，是中国近现代历史上一位非凡的启蒙思想家、政治家和学者，清同治十二年正月二十六日，1873 年 2 月 23 日，生于广东新会之熊子乡茶坑村。

他少年聪慧，十二岁做秀才，十七岁中举人，十九岁追随康有为，入万木草堂读书，成为康门大弟子。1894 年甲午，中国战败于日本，引起朝野上下，群情激愤，舆论渐起，康梁等人遂发起"公车上书"运动，要求政治改革。又与黄遵宪、汪康年等人创办《时务报》，以其雄辩惊人的崭新文笔，为变法维新鼓与呼，成为晚清舆论界迅速升起的一颗新星，颇为世人所瞩目。他的文章，以《变法通议》为代表，风靡一时，举国争诵。后主讲于湖南时务学堂，鼓吹民权，倡言革命，培养了蔡锷、李炳寰、林圭、范源濂等一批在晚清、民国历史上叱咤风云的人物。

梁启超所受教育始于他的祖父和父母，至少在十二岁考取秀才之前，他一直是在祖父和父亲的指导下读书的。梁启超的祖父，名维清（1815—1892），字延后，号镜泉先生。他是梁家第一代读书人，曾考取过秀才，但"功名"到此为止。他这一生最值得骄傲的，是把孙子培养成了一个十分出众的人。

梁启超的父亲名宝瑛（1849—1916），字莲涧，人称莲涧先生。他是梁维清三个儿子中最小的一个，也是寿命最长的一个。他的仕途很不顺利，不曾博得半点功名，但他退居乡里，在私塾中教书，却是个很好的教书先生。当年，梁启超从护国前线回到上海，得知父亲已于一个多月前去世，曾怀着悲痛的心情写下《哀启》一文，其中就讲到，他和几个兄弟、堂兄弟，从小就在父亲执教的私塾中读书，他们的学业根底、立身根基，一丝一毫都来自父亲的教诲。

梁启超从祖父、父亲那里接受的教育，主要是科举教育。他所生活的那个时代，大到家族，小到个人，要在社会上取得一定的地位，只有参加科举考试，登科及第这一条路。明清两代，五六百年，涌现了数不清的优秀人物，哪个没有参加过科举考试？但凡有点聪慧的孩子，父母都希望他"学而优则仕"，也就是读书做官。梁启超的祖父、父亲有这样的想法，并鼓励他去博取功名，一点都不奇怪。梁宝瑛对儿子说得最多的一句话就是："汝自视乃如常儿乎！"（梁启超著《饮冰室合集·文集》之十一，16页）你把自己看做是个平常的孩子吗？他就是这样要求儿子的，梁启超说，这句话他一直不敢忘。

科举教育首先是一种应试教育，其特点是以考试决定读书。按照规定，科举考试的题目和标准答案都出自"四书""五经"，所以，"六七百年来，数岁孩童入三家村塾者，莫不以'四书'为主要读本，其书遂形成一般常识之基础，且为国民心理之总关键"。（梁启超著《饮冰室合集·专集》之七十二，1页）梁启超早期所受教育正如他所言：四五岁就在祖父及母亲膝下读"四书"，六岁后，又在父亲指导下读"五经"，八岁开始学习作文，也就是八股文，又称"帖括"。这些都是所谓举子之业必需的功课，九岁时，已经能够洋洋洒洒作一篇上千字的八股文章。十岁那年，他参加了平生第一次考试，即童子试，也称"县试"或"府试"。这是一个人一生前途的第一道关口，考试合格，取得童生资格，才能参加秀才考试。梁启超的聪明才智这个时候就显露出来，在与同伴一起赴广州应府试的路上，随行的都是父辈，"一日舟中共饭，时一人指盘中咸鱼为题，命伯兄吟诗，伯兄应声曰：'太公垂钓后，胶鬲举盐初。'满座动容，神童之名自此始"。（丁文江、赵丰田编《梁任公先生年谱长编》，9页，上海人民出版社1983年8月版）

这个故事的版权属于梁启超的二弟梁启勋，他在《曼殊室戊辰笔记》中记述了此事。这句诗所用两个典故，既显示了一个十岁孩童的知识构成，也传达出他的远大志向。姜太公、胶鬲都是殷商末年的人物，都曾处于困厄之中，但他们能够发奋有为，终于成为国家的栋梁。这里的潜台词似乎正是孟子所言："故天将降大任于是人也，必先苦其心志，劳其筋骨，饿其体肤，空乏其身，行拂乱其所为，所以动心忍性，曾益其所不能。"（杨伯峻译注《孟子译注》下，298页，中华书局1960年1月版）两年后，他便在科考中以名列前茅的成绩取得了秀才的身份，补博士弟子员，可以按月向公家粮仓领取口粮。这时的梁启超，"日治帖括，虽不慊之，然不知天地间于帖括外更有所谓学也"（梁启超著《饮冰室合集·文集》之十一，16页）。

这时，梁启超的知识视野还是很有限的。梁家并非书香门第，更不是官宦世家，充其量就是个乡绅，生活既不富裕，家中藏书也不多，除了举业必备的"四书""五经"，大约还有一部《史记》、一部《纲鉴易知录》。父亲的朋友喜欢这个聪明的孩子，送他《汉书》《古文辞类纂》各一部。后者是清代安徽桐城人姚鼐编辑的古文选本，体现了桐城派对文章的审美偏好，一度非常流行。梁启超晚年曾表示"凤不喜桐城派古文，幼年为文，学晚汉魏晋，颇尚矜炼"（梁启超著《清代学术概论》，85页），但他早年曾经受到桐城派的影响，也未可知，即使在他解放了的文体——梁文体中，恐怕仍有桐城古文的影子。

另有一些因素，在梁启超早年经历中也是极为重要的，不可不提及。梁家世代居住的茶坑村，离南宋王朝最终覆灭的崖山不远，当年，大宋忠臣陆秀夫誓死抗元，在此陷入绝境。面对波涛汹涌的大海，他先让自己的妻子投海自尽，然后背起九岁的小皇帝赵昺，投海身亡，十余万中国军民亦投海殉难，宁死不降。这里是中华民族的伤心之地，有人说，崖山之后，已无中华，所强调的，便是崖山一战给中华民族带来的巨大伤害，数千年发展的文脉道统被一刀斩断，人们第一次有了文化断裂的痛感。但是，这里的一草一木都沉淀和凝聚着中华文明不屈不挠的精神，以及忠义、节烈的气概。梁启超的祖父就很看重这些人文历史传统的教育功能。梁家的祖墓恰巧也在崖山，每逢清明节，梁维清都要带领儿孙去祭扫祖墓。从茶坑村到崖山是要坐船的，途中经过南宋舟师覆灭的古战场，有一块高达数丈的巨石突出于海中，上书八个大字：元张弘范灭宋于此。每次从这里经过，梁维清都要把这段历史讲了又讲，说了又说，直讲得心情沉痛，直说得老泪纵横。这时，他往往还要声情并茂地背诵陈恭尹的题诗：

山木萧萧风更吹，两崖波浪至今悲。

一声望帝啼荒殿，十载愁人拜古祠。

海水有门分上下，江山无地限华夷。

停舟我亦艰难日，畏向苍苔读旧碑。

（罗检秋著《新会梁氏：梁启超家族的文化史》，14 页，中国人民大学出版社 1999 年 10 月版）

梁氏家风家教，不仅重视言传，也很重视身教。梁启超的祖父、父亲都是实践儒家道德节操的楷模。在他的记述中，祖父是个勤奋、俭朴、自尊、自信、严于律己、宽以待人、有知识、有文化、有威信、热心公益、受人尊敬的乡绅；他的父亲梁宝瑛是个中规中矩、不苟言笑的人，在孩子们面前，他也表现得十分严肃，处处按照儒家的伦理道德要求自己，谨守父亲开创的家风，既在道德上严格自律，注重内在修养，又不放弃社会责任，尽力为乡民办事。他过着十分俭朴的生活，没有任何嗜好，一辈子都是这样。梁启超曾劝他不要太苦自己，现在有条件了，该享受的还是要享受。梁宝瑛却认为，无论什么时候都不能忘记勤俭、朴素的家风，而且对后辈生活上的优越和安逸感到很担忧。

如何理解梁氏的家风家教？有一个人是无论如何也绕不过去的，他就是明代与王守仁（阳明）齐名的儒学大师陈献章。陈献章（1428—1500），字公甫，号石斋，江门新会人，曾在白沙村居住，人称"白沙先生"。他的思想和治学精神受到宋代理学的影响，尤其是陆九渊（象山）的"心学"，对他影响很大，打破了明代前期程朱理学一统天下的局面。他主张教育要从两个方面入手，从自身的角度来说，在于认识天命，激励节操，积极把握个人命运；从外部角度言之，则要将自己所学尽力服务于社会、报效于国家，所谓内圣外王是也。他的后半生一直在家乡授徒讲学，过着隐士般的生活。他的那句诗"田可耕兮书可读，半为农者半为儒"，就是这种生活的写照。他去世之后，新会建有白沙祠，家乡人都很推崇他，祀奉他，一直香火不断。他的思想和治学精神也深深地影响着后人的行为方式，梁启超后来写道："吾家自始迁新会，十世为农，至先王父教谕公（梁维清）始肆志于学，以宋明儒义理名节之教贻后昆。"（梁启超著《饮冰室合集·专集》之三十三，127页）

梁启超在作《变法通议》的时候，对科举选才之弊便有了很清醒的认识，他说，这是一条"禄利之路"，在其诱使之下，甚至"举国上才之人，悉已为功令所束缚，帖括所驱使，鬻身灭顶，不能自拔"，至于初学者，"当其少年气盛，未尝不欲博通古今，经营天下"，而一旦走上这条路，其结果，"试事无穷已""学子无休暇""日月逝于上，体貌衰于下"，最初的理想、才气，也就在日复一日的应试过程中消磨殆尽了。其中自然会有"瑰玮之士，志气不衰，冲决落网，自成其志者"，但人数不会太多，千百人中，一两个而已。（梁启超著《饮冰室合集·文集》之一，《变法通议·论科举》，21—31页）梁启超便有幸做了这"一两个"当中的一个，在他十岁前后，他的祖父、父亲便为他的求学、立志、立身打下了坚实的根基。由于早期家庭教育中对"名节""义理"的强调，以及爱国情怀、民族气节的熏陶，对他来说，"四书""五经"作为儒学典籍已不仅仅是应付科考的"敲门砖"，还具有精神、道德、形而上的意义，也就是说，在大多数人把儒学典籍的功用局限于实用功能，即所谓教材教辅的时候，他则通过祖父和父亲触摸到了儒学的"体"，而且，这个"体"又非空言，是要身体力行的，"以之修身，则可悟前圣之心传；以之治世，则可返唐虞之盛轨"（江藩著《国朝汉学师承记》附《国朝宋学渊源记》，151页，中华书局1983年11月版）。这是从实践中得来的"体用兼尽"，他曾经说："先君子常以为所贵乎学者，淑身与济物而已。淑身之道在严其格以自绳，济物之道在随所遇以为施。"（梁启超著《饮冰室合集·专集》之三十三，127页）这时候，梁启超已经显示出他的高远志向，他为家乡的凌云塔作过一副对联：

凌云塔下凌云想，海阔天空，迢迢路长；
天竺国里天竺望，云蒸霞蔚，须臾妙相。
（罗检秋著《新会梁氏：梁启超家族的文化史》，21页）

光绪十一年（1885），也就是考中秀才的第二年，梁启超离开家乡，到广州求学。他先拜吕拔湖先生为师，不久，又转到陈梅坪先生门下。二位先生都有一定的汉学根底，他们将梁启超的学问带到一个全新境界，"十三岁始知有段王训诂之学，大好之，渐有弃帖括之志"。（梁启超著《饮冰室合集·文集》之十一，16页）两年后，十五岁的梁启超入学海堂读书。当时，广州城内有五大学府，学海堂名列首席，另外四所为菊坡精舍、粤秀书院、粤华书院和广雅书院。第二年，梁启超在学海堂转为正班生，同时还是菊坡、粤秀、粤华的院外生。

学海堂在广东名气很大，清道光四年（1824），两广总督阮元创办于广州城北之粤秀山下。阮元，道光帝在祭文中称他："极三朝之宠遇，为一代之完人。"他在学术上师承戴震，得之戴震门人王念孙最多，学海堂便以经史训诂为宗旨。这里"不教制艺，'专勉实学'，以考据训诂之方法治经史，求经文史学切实学问之研究。提倡'事必求其根柢，言必求其依据'，'无征不信'之学风，成为当时考据学之最高学府，清代广东朴学风气，自学海堂而大兴"。（季啸风主编《中国书院辞典》，242页，浙江教育出版社1996年8月版）他还编刻《学海堂经解》（即《皇清经解》）《学海堂志》《学海堂集》《学海堂丛刻》《通典》等经史典籍，推动了晚清岭南学术的发展。作为扬州学派的代表人物，他主张经史诸子并重，兼容异说，特别强调消除汉、宋两家的门户之见，并兼顾西学入华的历史。

梁启超在学海堂如鱼得水，完全沉浸在知识的海洋里。这里的教育使他眼界大开，精神豁然，很快就成为学海堂出类拔萃的学生之一。林慧儒、陈侣笙在《任公大事记》里说："季课大考，四季皆第一。自有学海堂以来，自文廷式外，卓如一人而已。"（丁文江、赵丰田编《梁任公先生年谱长编》，13页）考试之后，还有奖赏，名曰"膏火"，这对家境贫寒的学子来说显得十分重要，梁启勋说："伯兄买书之费悉出于此。每届年假辄捆载而归，以余所见，如正续《皇清经解》《四库提要》《四史》《二十二子》《百子全书》《粤雅堂丛书》《知不足斋丛书》，皆当日之所购。"（同上，11页）这时，他对自己"不知天地间于帖括外更有所谓学"的孤陋寡闻开始不满，进而认为"不知天地间于训诂词章之外，更有所谓学也"，并决定"舍帖括以从事于此"。（梁启超著《饮冰室合集·文集》之十一，16页）

光绪十六年（1890）春天，梁启超第一次到北京参加会试。此前一年，他刚刚在广东乡试中考中举人，排名第八。主考官李端棻（芯园）赏识梁启超的才华，把他的堂妹李端惠许配给梁启超。这一年，梁启超只有十七岁，可谓少年得志，前途不可限量。不过，1890年的会试梁启超榜上无名，而且，此后他也没能获得更高一级的学位。但此行还是使他开阔了眼界，增长了见识。特别是在南归途中，经过上海，梁启超买了一套徐继畲的《瀛寰志略》。他虽然没有足够的钱购买更多由上海制造局翻译过来的"西书"，但这本书足以使他萌生了认识外部世界的愿望，他在这里看到了一个闻所未闻的崭新世界。

这时，康有为上书不成，回到广州。很多年轻士子对他感到好奇，也很仰慕他，梁启超的同学陈千秋便跑去求见。陈千秋（1869—1895），字通甫，又字礼吉，号随生，广东南海人，是康有为的小老乡。他和梁启超十分要好，不久，便把康有为介绍给梁启超。多年后，梁启超在《三十自述》中记述了初次见到康有为时的情景，他说："时余以少年科第，且于时流所推重之训诂词章学，颇有所知，辄沾沾自喜。先生乃以大海潮音，作狮子吼，取其所挟持之数百年无用旧学更端驳诘，悉举而摧陷廓清之。自辰入见，及戌始退，冷水浇背，当头一棒，一旦尽失其故垒，惘惘然不知所从事，且惊且喜，且怨且艾，且疑且惧，与通甫联床，竟夕不能寐。"（同上，16—17页）

很难想象，康、梁的第一次会见，从早晨七时许一直持续到晚上九时许，竟然谈了十四个小时。这时的康有为刚刚读了经学大师廖平的《今古学考》，这是北京的朋友送给他的。回到广州，他马上去见廖平，并引为知己。廖平则大方地拿出自己的近作《知圣篇》和《辟刘篇》一齐送给康有为。廖平的学术成果像酵母一样在康有为的思想中发酵，启发了他的知识储备中已有的经今文学那部分，这使他陷入一种莫名的兴奋之中。尽管他对重考据、训诂的汉学并无兴趣，但这一次，他从这里看到了可以激动人心的东西。这个以重振经今文学为己任的汉学异端，从庄存与、刘逢禄，到龚自珍、魏源、戴望、廖平，一路走来，最终将由他集其大成。他综合各家之说，发挥其变法、改制的主张，并进一步引申出以政治革命、社会革命为手段，实现富强民主新型国家的远大理想。

康有为不会不同梁启超谈到他正在酝酿、发酵中的思想，这对于笃信"段王训诂之学"，并且"大好之"的梁启超来说，的确有如地震、狂飙，足以摧毁他心中一直在不懈追求的理想目标。很显然，如果没有这次拜会康有为的经历，那么，他将来应该是个很不错的汉学家。但康有为的出现彻底改变了这个年轻人对于学问的看法，而且，他那一套讥切时政、抵排专制、鼓吹改革、保种救国的理论，对忧国忧民的青年士子来说，的确具有强大的感染力和感召力。于是，在经历了一夜失眠之后，梁启超"明日再谒，请为学方针。先生乃教以陆王心学，而并及史学西学之梗概，自是决然舍去旧学，自退出学海堂，而间日请业南海之门，生平知有学自兹始"。（同上）

梁启超退出学海堂，拜康有为为师，执弟子礼。一年后，康有为接受陈千秋和梁启超的建议，在广州创办万木草堂，开馆讲学。地点最初就设在广州粤秀山麓的长兴里，不久，迁至卫边街的邝氏宗祠，后又迁至府学宫仰高祠。梁启超在万木草堂的学习生涯一直持续到光绪二十一年（1895），前后大约四年时间。在此期间，康有为"尽出其所学，教授弟子，以孔学佛学宋明学为体，以史学西学为用，其教旨专在激励气节，发扬精神，广求智慧"，梁启超说，"先生讲学于粤凡四年，每日在讲堂者四五点钟，每论一学论一事，必上下古今，以究其沿革得失。又引欧美以比较证明之，又出其理想之所穷及，悬一至善之格，以进退古今中外，盖使学者理想之自由，日以发达，而别择之智慧，亦从生焉。余生平于学界稍有所知，皆先生之赐也”（梁启超著《饮冰室合集·文集》之六，62 页）。这是梁启超离开万木草堂数年后写下的一段文字，概括了他在康有为指导下读书求学的主要内容和方式。看得出来，他对万木草堂的读书生活是很满意的。这是与学海堂等传统书院判然有别的一种新式教育，“虽其组织之完备，万不逮泰西之一，而其精神，则未多让之”（同上）。他这里所说的精神，也就是鼓励学生之间、学生与老师之间在学术上自由探讨，培养学生独立思考的能力。他晚年回忆起当时的情景，仍对“主客论难蜂起，声往往振林木”的热烈场面津津乐道。（梁启超著《饮冰室合集·文集》之四十四上，28 页）戊戌前后同为维新阵营重要人物的张元济曾有诗称赞万木草堂：

南洲讲学开新派，万木森森一草堂。
谁识书生能报国，晚清人物数康梁。

（罗检秋著《新会梁氏：梁启超家族的文化史》，36 页）

梁启超的思想因此而获得解放，进入一个全新的境界。不过，他对康有为并非全盘接受，而是有所保留和选择。一般说来，康有为治学中的“武断”，是他不能接受的，在他看来，枝词强辩、抹杀证据或曲解证据，都是犯了“科学家之大忌”；他对康有为好引谶纬之书，以神秘性说孔子的做法，也不认同。但对康有为思想的核心价值他却能心领神会，戊戌政变前数年，梁启超用力最多的，就是在官绅和青年学子中传播康有为的思想，他自称是“猛烈的宣传运动者”。（梁启超著《清代学术概论》，83 页）在这方面，《时务报》

《知新报》的大量文章，以及湖南时务学堂的教学内容可以为证。应当承认，恰恰是康有为的授课激发了梁启超的政治意识，最终使他放弃了由科举而晋身的世俗理想，积极投身于改造中国的政治运动。没有这一变，也就没有后来在变法维新、君主立宪、民主建国等一系列历史风云中叱咤驰骋的梁启超。他是传统士大夫群体中的一员，他也曾按照儒家传统沿袭下来的独特的思维方式和问题意识对当时所面临的一系列危机做出自己的回应。而一旦社会变革提出的大量问题连孔孟也解决不了的时候，他只能放开眼界，寻找新的思想资源，思考并试图解决所遇到的新问题。

二、与黄遵宪、严复相识相知

对梁启超来说，光绪二十一年（1895）是很重要的一条分界线。此前，是他的读书求学阶段，此后，他离开万木草堂，成为一个年轻的政治活动家、宣传鼓动家。还有就是，之前，作为万木草堂的学生，他主要受到康有为的影响，之后，他来到北京、上海，接触的范围扩大了，结交了很多朋友，影响他的人也随之增多了，像黄遵宪、严复、谭嗣同、夏曾佑，以及李提摩太等外国传教士，都曾给予他很大影响，这些影响有时指向不同的方向，最终构成了梁启超思想的复杂性与混合型特征。

在年长一辈中，黄遵宪对梁启超的影响仅次于康有为，在某些方面甚至超过康有为。他们的交往始于光绪二十二年（1896），他在《三十自述》中写道："三月去京师，至上海，始交公度。"（梁启超著《饮冰室合集·文集》之十一，17页）这时，梁启超二十四岁，黄遵宪四十九岁，而所谓"代沟"，却未能影响他们一见如故，引为同调。这对"忘年之交"，用终生不渝的友谊，给后人留下了"平生风谊兼师友"的一段佳话。

黄遵宪（1848—1905），字公度，别署人境庐主人、水苍雁红馆主人等，广东嘉应（今梅州市）人。他三十岁随何如璋出使日本，三十五岁调任美国旧金山总领事，四十二岁随薛福成出使英、法、意、比四国，是较早走向世界，睁开眼睛看世界的人物之一。在此期间，他写了一部被人称作"明治维新史"的《日本国志》。这部书成于光绪十三年（1887）五月，当时他抄录了四份，一送总理各国事务衙门，一送李鸿章，一送张之洞，一份自己保存。但是，直到光绪二十一年（1895），这部书才得以出版。总理衙门章京、后因反对利用义和团排外而被清政府处死的袁昶（1846—1900）曾说："此书稿本，关在总署，久束高阁，除余外，无人翻阅。甲午之役，力劝翁常熟主战者为文廷式、张謇二人，此书若早布，令彼二人见之，必不敢轻于言战，二人不言战，则战机可免，而偿银二万万可省矣。"（转引自黄升任著《黄遵宪评传》，330页，南京大学出版社2011年4月版）另据，皮锡瑞《师伏堂未刊日记》（光绪二十三年九月初六，1897年10月1日）记载："出门见黄公度廉访同年，相隔廿余岁矣，道故甚亲密，允以'日本国志'见赠，云此书早交总理衙门，而彼不刻，若早刊出，使道希（文廷式）、季直（张謇）见之，或不至力主战矣。"（《湖南历史资料》1958年第4期，68页）一本书是否可以改变一个国家的命运？或可商榷，但如果当权者能在决策之前对日本多一些了解，这场清日战争也许便打不起来，打起来也未必就失败，失败了也未必败得这样惨，战后交涉也不至于这样丧权辱国。问题就在于，当时的中国，从上到下都非常闭塞，对日本所知甚少，尤其是日本明治维新后的情形，几乎毫无所知。黄遵宪便在《日本国志》"叙"中感叹："即日本与我，仅隔一衣带水，击柝相闻，朝发可以夕至，亦视之若海外三神山，可望而不可即，若邹衍之谈九州，一似六合之外荒诞不足论议也者，可不谓狭隘欤？"（陈铮编《黄遵宪全集》下，819页，中华书局2005年3月版）而他的这部巨著，不仅"于日本之政事、人民、土地及维新变政之由，若入其闺闼而数米盐，别黑白而诵昭穆也"（梁启超著《饮冰室合集·文集》之二，50页），而且对"其变法情形艰险万状"（湖南省哲学社会科学研究所编《唐才常集》，97页，中华书局1980年6月版）也有较为详尽的介绍，更兼"凡牵涉西法，尤加详备，期适用也"，（陈铮编《黄遵宪全集》（下），821—822页）恰好满足了甲午战后以"自改革"为职志的知识群体将关注焦点由英、美、德、法向日本转移的需求，也与康梁维新派"以强敌为师资"的改革思路一拍即合。

显而易见的是，梁启超有关日本明治维新的知识首先来自黄遵宪的《日本国志》，他那些"明白晓畅、痛快淋漓"的文章，其灵感也更多地得之于此。他感叹自己读了这本书，"乃今知日本，乃今知日本之所以强"，同时，"乃今知中国，知中国之所以弱"。进而他又提出："其言十年以前之言也，其于今日之事，若烛照而数计也。又岂惟今日之事而已，后之视今，犹今之视昔，顾犬补牢，未为迟矣"。在他看来，这部书不是一般的史书，而是一部大有深意的治国方略，他特别强调，读这部书的人，要能够"论其遇，审其志，知所戒备，因以为治"。他说："启超于黄子之学，自谓有深知其为学也，不肯苟焉附古人以自见。上自道术，中及国政，下逮文辞，冥冥乎入于渊微。"（梁启超著《饮冰室合集·文集》之二，50—51页）他还在《读西学书法》中特别强调了阅读《日本国志》的必要性，在他看来，变法的根本在官制和学校，但研究官制的书，目前还少有译本，"惟《英法政概》、《日本国志》中略述一二"（中国近代史资料丛刊，中国史学会主编《戊戌变法》（一），455页，神州国光社1953年9月版），所以，他把《日本国志》列为有志于变法改制者的必读书。

黄遵宪对梁启超始终抱有很高的期望，对于这位"博识通才，并世无两"（陈铮编《黄遵宪全集》上，382页）的青年才俊，他是非常看重的，不仅请他担任《时务报》主笔，还在他遇到麻烦时，力聘他为时务学堂中文总教习。梁启超在很短时间内博得"言论界之骄子"的赫赫名声，与黄遵宪亦大有关系。他在光绪二十四年（1898）春复函陈三立，表明自己对梁启超的看法，也是想以此回答人们对梁的质疑："与此君交二年，渊雅温厚，远过其师，亦不甚张呈其师说，其暖暖姝姝，守一家之言，与之深谈，每有更易。如主张民权，为之言不可，渠亦言民知未开，未可遽行。吾爱之重之。"（同上，415页）光绪三十一年（1905）黄遵宪去世，此前一周，他还致信梁启超，讨论宪政的前途、方针和策略，陈述他的见解和主张。到了宣统元年（1909），梁启超应黄遵宪之弟黄遵庚之请，作《嘉应黄先生墓志铭》，回忆他与黄遵宪的交往，依然是一往情深。他说："启超以弱龄得侍先生，惟道惟义，以诲以教。获罪而后，交亲相弃，亦惟先生咻噢振厉，拳拳恳恳，有同畴昔。先生前卒之一岁，诒书启超曰：'国中知君者无若我，知我者无若君。'"（梁启超著《饮冰室合集·文集》之四十四上，6页）

　　所谓知音，无过于此吧。而知音也者，恰恰是思想上的互相激励、精神上的相互支撑。梁启超从康有为那里接受的经今文学，主要是发挥《春秋公羊传》中那套"张三世""通三统"的学说，并以此为依据，通过"托古改制"，为变法维新寻求合理性、合法性及必要性，其思想资源主要来自传统。他们对西方的政治制度、教育理念表现出更多的兴趣，但由于他们获取西学知识的渠道往往是间接的，容易流于表面和空疏，很难形成切实可行的政治方案。而黄遵宪根据日本明治维新的经验所提供的政改模式，恰恰弥补了康有为的不足。由于他曾经亲历了日本明治维新运动，与日本多位启蒙思想家有过直接的交往，并深入考察过日本的政治体制改革和自由民权运动，因此，他的见解"较道听者自胜一筹"，（皮锡瑞《师伏堂未刊日记》，见《湖南历史资料》1958年第4期，72页）也更具有说服力。我们看梁启超这个时期的言论，与黄遵宪就大有关联。主要表现在以下几个方面：

其一是对报刊传播力的认识，梁启超专门写了《论报馆有益于国事》一文，发表在第一期《时务报》上。尽管他在文章中仍以"古已有之"作为立论的基础，但他得出的结论却已大大超出了古代"陈诗以观民风"的范畴，而特别强调报刊在传播新思想、新知识，开阔读者眼界，启迪民智、制造舆论，去塞求通等方面所起的作用。他注意到，西方报业发展规模之巨大，介入社会生活之广泛，已成为现代国家不可或缺的一部分，"阅报愈多者，其人愈智；报馆愈多者，其国愈强"，这样一个因果关系的发现，更加促使他看重报刊在维新变法中的不可替代性。但他认为，目前在中国还做不到像西方那样办报，"其势则不能也"。他说的这个"势"包括这样几个方面：一是政治不公开，黑箱运作；二是管理粗放，缺少专业化的管理人才，更缺少专门的统计数字；三是不重视制造工艺，也没有培养专门人才的学校，能够有所发明创造的人更属凤毛麟角，所以，他说："西报之长，皆非吾之所能有也。"那么，中国的报刊又该如何办呢？他提出可以做的几个方面："广译五洲近事，则阅者知全地大局，与其强盛弱亡之故，而不至夜郎自大，坐智井以议天地也；详录各省新政，则阅者知新法之实有利益，及任事人之艰难经画，与其宗旨所在，而阻挠者或希矣；博搜交涉要案，则阅者知国体不立，受人嫚辱，律法不讲，为人愚弄，可以奋厉新学，思洗前耻矣；旁载政治学艺要书，则阅者知一切实学源流门径，与其日新月异之迹，而不至抱八股八韵考据词章之学，枵然而自大矣。"（梁启超著《饮冰室合集·文集》之一，100—102页）

梁启超这里所说，大约就是《时务报》的办刊方针，而这个方针，恰恰是他与黄遵宪一起拟定的。他在《创办时务报源委》中说："创办时所出印公启三十条，系由启超初拟草稿，而公度大加改定。"（中国近代史资料丛刊，中国史学会主编《戊戌变法》（一），525页）如果再读一下《日本国志》卷三十二学术志一，二者的关系就更清楚了。在这里，黄遵宪不仅介绍了日本报业发展的总体状况，而且感慨议论，称赞"新闻纸，论列内外事情，以启人智慧"，又赞赏它在明治维新中所发挥的作用，"废藩立县，改革政体，新闻论说颇感动人心"。他还说："购读者益多，发行者益盛，乃至村僻荒野亦争传诵，皆谓知古知今，益人智慧，莫如新闻。"最后他看到："由是西学有蒸蒸日上之势。"（陈铮编《黄遵宪全集》下，1413页）他原本就有办报的理想，在一次写给梁启超的信中他说："既而游欧洲，历南洋，又四五年归，见当道者之顽固如此，吾民之聋聩如此，又欲以先知先觉为己任，藉报纸以启发之，以拯救之。而伯严（陈三立）苦劝之作官，既而幸识公（梁启超）则驰告伯严曰：'吾所谓以言救世之责，今悉卸其肩于某君（梁启超）矣！'"（同上，上，437—438页）

其次，黄遵宪通过对明治维新期间日本自由民权运动以及欧美各国政党政治的实地考察，对政治团体和政党所凝聚的"联合力"有了极为深刻的认识，以为西方国家得以"横行世界莫之能抗者，恃此术也"。（同上，下，1493页）他特别欣赏日本人"无事不有会，无人不入会"（同上，1492页）的做法，并进而从人性的层面高度评价了学会这种社会组织的进步意义，他说："天之生人也，飞不如禽，走不如兽，而世界以人为贵，则以人能合人之力以为力，而禽兽不能故也。举世间力之最巨者，莫如联合力。"（同上，1493页）梁启超所作《变法通议》中有《论学会》一节，很明显是在发挥黄遵宪对学会的认识和倡导，他所强调的"今欲振中国，在广人才，欲广人才，在兴学会"，（梁启超著《饮冰室合集·文集》之一，33页）大体上还在黄遵宪划定的范围之内，其核心就在于通过举办学会这种形式来开启民智，形成合群之风，从而实现变法自强。这也就是梁启超在文章开头所说："道莫善于群，莫不善于独。独故塞，塞故愚，愚故弱；群故通，通故智，智故强。"（同上，31 页）但他对"群形质"和"群心智"的区别，显然深化了黄遵宪关于"群"的认识，也为梁启超此后更深入地研究"群理"预留了空间。继而严复借"社会达尔文主义"对"群学"的阐发，则进一步深化了梁启超对于"群"的认识。

严复对梁启超的影响不亚于黄遵宪，不过，他们之间的交往却仅限于精神层面，主要是书信往还，讨论一些双方都感兴趣的问题。严复（1854—1921），初名宗光，字又陵，后改名复，字几道，福建侯官县（今福州市）人，早年入福州船政学堂，后留学英国，入格林尼次海军大学学习。回国后，先后在福州船政学堂和北洋水师学堂任教，一直做到总教习、校长的职位。光绪二十一年（1895）三月，李鸿章与伊藤博文签订《马关条约》，西方各国看到日本在中国得到许多好处，加速了瓜分中国的步伐，争先恐后地要求在华权益。消息传来，正在北京参加会试的康有为、梁启超等，联合各省举子 1300 余人，发动公车上书，向清政府提出了拒和、迁都、变法三大要求，呼吁国人救国、保种、图强，在全国掀起一场宣传维新变法的思想解放运动。严复这时在天津《直报》陆续发表了《论世变之亟》《原强》《原强续篇》《辟韩》《救亡决论》等文章，并因"中日甲午战败刺激，致力于译述以警世"。（孙应祥著《严复年谱》，79 页，福建人民出版社 2003 年 8 月版）他首先选译了英国生物学家赫胥黎的《天演论》，"未数月而脱稿"，（同上）此书原名 Evolution and Ethics（"进化与伦理"），这篇演讲词发表于 1893 年。1894 年此书重刊，作者又加入一篇《导论》。严复译述而成的《天演论》，便以演讲词和导论为底本。

严复此译大约完成于光绪二十一年（1895）年底，后经几番修订、增删，又陆续添加了不少按语，直到光绪二十四年（1898）六月才正式出版。但至少在光绪二十二年（1896）十月，他已将所译原稿及《辟韩》等文稿一起寄给了梁启超。（王栻主编《严复集》第三册，515页，中华书局1986年1月版）他与梁启超的书信往来也集中于此时，当《时务报》创刊之际，严复与梁启超都有一种惺惺相惜的感觉，他赞许梁的文章："譬如扶桑朝旭，气象万千，人间阴曀，不得不散，遒人木铎之义，正如此耳。"（同上，513—514页）而梁启超也对严复的文章赞赏有加，并且很羡慕他的西学知识，觉得自己既不通西洋文字，所学只能是隔靴搔痒、支离破碎，虽也读了几本西书，却都是别人唾弃的残渣剩饭，很难有真知灼见。多年后，他还检讨自己的学问是"不中不西即中即西"，以为"固有之旧思想，既深根固蒂，而外来之新思想，又来源浅觳，汲而易竭"（梁启超著《清代学术概论》，97页），所以那时他还有过"从马兄眉叔习拉丁诺文"的想法，严复也表示支持，指出："此文及希腊文，乃西洋文学根本，犹之中国雅学，学西文而不与此，犹导河未至星宿，难语登峰造极之事。"但他担心梁启超事务繁忙，不能坚持，鼓励他每天抽出一两个小时，"一年之后，自有妙验"。他还说，如果梁启超能够掌握西文，那么，"岂徒吾辈之幸而已，黄种之民之大幸也"。（王栻主编《严复集》第三册，515页）可见，他对梁的期待也是非常之高的。

当时，严复讲得最多的，便是达尔文和斯宾塞的进化论，他的许多文章都以此立论，并加以本土化的发挥。他在《原强》中指出，达尔文的《物种探原》（今译《物种起源》）改变了西方学术政教的面貌，整个旧世界因此而分崩离析："论者谓达氏之学，其一新耳目，更革心思，甚于奈端氏（即牛顿）之格致天算，殆非虚言。"（王栻主编《严复集》第一册，16页）接下来，他又对达尔文的"物竞天择，适者生存"做了进一步的解释："物竞者，物争自存也；天择者，存其宜种也。意谓民物于世，樊然并生，同食天地自然之利矣。然与接为搆，民民物物，各争有以自存。其始也，种与种争，群与群争，弱者常为强肉，愚者常为智役。及其有以自存而遗种也，则必强忍魁桀，趫捷巧慧，而与其一时之天时地利人事最其相宜者也。"（同上，16页）这种思想在当时颇具打动人心的力量，它犹如暮鼓晨钟，当头棒喝，使国人在睡梦中惊醒。他不无担忧地表示，在西方列强及东邻日本咄咄逼人、压迫日甚一日的形势下，中国人再不发愤图强，变法维新，真有亡国灭种的危险。

看到中国落后的现实只是第一步，接下来就要追问，中国为什么落后、落后在什么地方，如何才能改变落后的面貌，赶上世界发展潮流。在这些方面，严复的思考和认识的确比康、梁更进一步。他在文章中自问，中国所以被日本打败，"究所由来，夫岂一朝一夕之故也哉"？在这里，他毫不客气地指出，其"由来"首先就在于影响中国几千年的圣人教化："盖生民之道，期于相安相养而已。"（同上，1页）俗语有"知足者常乐，能忍者自安"的说法，就是这个意思。作为一种人生智慧，明哲保身受到文人士大夫的推崇，竞争不仅得不到提倡，反而被说成是"人道之大患也。故宁以止（知）足为教，使各安于朴鄙颛蒙，耕凿焉以事其上，是故春秋大一统。一统者，平争之大局也"（同上）。他因此大为感叹："此真圣人牢笼天下，平争泯乱之至术，而民智因之以日窳，民力因之以日衰。"（同上，2页）这种安贫乐道、听天由命的思想，伴随着君主专制的重轭，造成了中国人愚昧、麻痹、冷漠、自私的国民性格，它的后果，直接导致了这个昔日帝国积贫积弱、民气衰竭的局面。过去或许可以相安无事，那是因为"跨海之汽舟不来，缩地之飞车不至，则神州之众，老死不与异族相往来"；而当今之世，中国已被西方强行纳入现代竞争体制之中，要想维持昔日的荣耀，不在竞争中被淘汰出局，没有别的选择，只能迎接挑战，换一种活法（生民之道）。他的这种想法在数年之后所作《与〈外交报〉主人书》中讲得更加直接、透彻和明白："今吾国之所最患者，非愚乎？非贫乎？非弱乎？则径而言之，凡事之可以愈此愚、疗此贫、起此弱者皆可为。而三者之中，尤以愈愚为最急。何则？所以使吾日由贫弱之道而不自知者，徒以愚耳。继自今，凡可以愈愚者，将竭力尽气羈手茧足以求之。惟求之能得，不暇问其中若西也，不必计其新若故也。有一道于此，致吾于愚矣，且由愚而得贫弱，虽出于父祖之亲，君师之严，犹将弃之，等而下焉者无论已。有一道于此，足以愈愚矣，且由是而疗贫起弱焉，虽出于夷狄禽兽，犹将师之，等而上焉者无论已。"（王栻主编《严复集》第三册，560 页）

既然治愚是使中国摆脱贫弱的头等大事，而治愚的关键，又在于改变固有的使民"愚"而非使民"智"的"生民之道"，于是他说，如果有一种能使中国国民脱"愚"返"智"的"道"，那么，无论是中是西、是新是故，都应该求而师之，即使来自"夷狄禽兽"，也未为不可。他这样说是因为，在他看来，他已经找到了这样的"道"，而这个道，就是西方的进化论。不过，他所看重的，不是进化论作为科学的价值，而是其社会学的价值。他从一开始就把达尔文主义解释为社会达尔文主义，这也是他更加看重斯宾塞的原因之一。他没有选择翻译达尔文的《物种探原》，而是选择翻译赫胥黎的《天演论》，大约就有这样的考虑。他在《译天演论自序》中讲道："有斯宾塞尔者，以天演自然言化，著书造论，贯天地人而一理之，此亦晚近之绝作也。"他接着说："赫胥黎氏此书之旨，本以救斯宾塞任天为治之末流。其中所论，与吾古人有甚合者，且于自强保种之事，反复三致意焉。"（赫胥黎著，严复译《天演论》，7—8 页，科学出版社1971 年 3 月版）他称赞斯宾塞的学说，"尤为精辟宏富，其第一书开宗明义，集格致之大成，以发明天演之旨；第二书以天演言生学；第三书以天演言性灵；第四书以天演言群理；最后第五书，乃考道德之本源，明政教之条贯，而以保种进化之公例要术终焉。"（同上，5页）质而言之，以天演之术，阐发人伦治化之事，正是严复对于斯宾塞的发现，他谓之"群学"。梁启超曾计划作一部《群说》，而严复所译《天演论》便是他的思想资源之一。

由此可见，严复所谓学习西方，已经超越科学技术、经济模式和政治制度层面，而进入思想价值观念层面。他是主张思想启蒙先于经济和政治改革的，西方国家近代崛起的历史已经证明了这一点。按照康德的说法：启蒙就是从迷信中解放出来。而愚昧与迷信恰好是一对双生子，要破除愚昧和迷信，实有赖于启蒙所带来的整个国民的思想解放。梁启超在《变法通议》中所说"言自强于今日，以开民智为第一义"，（梁启超著《饮冰室合集·文集》之一，14页）也把启发民众的觉悟放在首位。他强调废科举，办学校，开学会，译西书，乃至师范、女学、幼学，亦受到重视，辟以专文论述，都是围绕着"开民智"这个大题目做文章。不过，民何以智何以不智？民智如何开启？智和愚的标准又是什么？何以西方人智而中国人愚？要回答这些问题，不能不探究东西方核心价值观念有哪些不同。严复看到"中国最重三纲，而西人首明平等；中国亲亲，而西人尚贤；中国以孝治天下，而西人以公治天下；中国尊主，而西人隆民"。除了平等、民权受到应有的尊重之外，尤为西方人所重视的，还有自由："彼西人之言曰：唯天生民，各具赋畀，得自由者乃为全受。故人人各得自由，国国各得自由，第务令毋相侵损而已。侵人自由者，斯为逆天理，贼人道。"这种以生而平等、生而自由为人的天赋权利的思想，在中国人的思想观念中恐怕是很难找到的。他坦言："夫自由一言，真中国历古圣贤之所深畏，而从未尝立以为教者也。"勉强可以提及的："中国理道与西法自由最相似者，曰恕，曰絜矩。然谓之相似则可，谓之真同则大不可也。"为何这么说呢？他解释道："中国恕与絜矩，专以待人及物

而言，而西人自由，则于及物之中，而实寓所以存我者也。"（王栻主编《严复集》第一册，2—3 页）

我们知道，恕道是孔子之道。曾参说："夫子之道，忠恕而已矣。"（徐志刚译注《论语通译》，40 页，人民文学出版社 1997 年 1 月版）什么是恕？古人说"如心为恕"，就是将心比心，推己及人，设身处地为他人着想，这就是恕了。孔子说，"己所不欲，勿施于人"（同上，202 页），也是讲对别人要尊重，不能把我不喜欢的事强加给别人，同理，别人也不能这样对待我。子贡说，"我不欲人之加诸我也，吾亦欲无加诸人"（同上，51 页），讲的就是这个意思。"絜矩之道"见《大学》十章："所恶于上，毋以使下；所恶于下，毋以事上；所恶于前，毋以先后；所恶于后，毋以从前；所恶于右，毋以交于左；所恶于左，毋以交于右。此之谓絜矩之道。"（朱熹著《四书章句集注》，10 页，中华书局 1983 年 10 月版）可见，絜矩之道相当于君子的道德示范作用，朱熹说："君子必当因其所同，推以度物，使彼我之间各得分愿，则上下四旁均齐方正，而天下平矣。"（同上，10 页）这里只是对恕与絜矩做了一些简单的解释，确实如严复所说，作为儒家的伦理道德规范，恕与絜矩在尊重他人这一点上或许接近于西方的自由观念，但在承认和尊重个人自由与自我权利的正当性与合法性方面，二者与生俱来就是不相容的。然而，正是个体自由、个人权利的有无，造成了中西文明的巨大差异。很显然，只有在一个个人权利得到充分保障、个人天性不受任何压抑的社会环境中，个人的聪明才智，他的创造性、建设性能力，才能被解放和充分发挥出来。

因而，严复对西方自由观念与社会群体的进步及国家强弱之间的关系表现出很高的关注度。他以草木和土地作比喻，认为政是草木，民是土地，只有肥沃的土地，才能生长出好的政治。于是他说："夫所谓富强云者，质而言之，不外利民云尔。然政欲利民，必自民各能自利始；民各能自利，又必自皆得自由始；欲听其皆得自由，尤必自其各能自治始；反是且乱。顾彼民之能自治而自由者，皆其力、其智、其德诚优者也。是以今日要政，统于三端：一曰鼓民力，二曰开民智，三曰新民德。夫为一弱于群强之间，政之所施，固常有标本缓急之可论。唯是使三者诚进，则其治标而标立；三者不进，则其标虽治，终亦无功；此舍本言标者之所以为无当也。"（王栻主编《严复集》第一册，27页）严复既把"今日要政"归结为鼓民力、开民智、新民德，"此三者，自强之本也"（同上，32页），而新民德，"尤为三者之最难"（同上，30页），那么，原因何在且又难在何处呢？一在精神信仰，一在社会风俗。所谓民德，主要表现在这两个领域。梁启超 1902 年发表《新民说》的时候，曾把"新民"的特征概括为十六个方面，即公德、国家思想、进取冒险、权利思想、自由、自治、进步、自尊、合群、生利分利、毅力、义务思想、尚武、私德、民气和政治能力，其中大部分属于"德"的范畴。严复则强调两点，一为教，一为私，教又分为动词、名词两种用法。就名词而言，他比较了基督教与儒教（如果可以称之为教的话）的不同，前者尊上帝而讲平等，"人无论王侯君公，降以至于穷民无告，自教而观之，则皆为天之赤子，而平等之义以明"（同上，30页）；后者尊君权而讲等级，且不说"自秦以降，为治虽有宽苛之异，而大抵皆以奴虏待吾民"，即使圣人，也先存了君子、小人之别和君臣、父子、夫妻之伦。孔子固然说过"有教无类"的话，但实际上，并非每一个人都有公平的受教育的机会，"亦不过择凡民之俊秀者而教之。至于穷檐之子，编户之氓，则自襁褓以至成人，未尝闻有孰教之者也"（同上，30页）。再说动词的教，基督教，特别是英国的清教派，对公德和私德的教育，都明显地具有优势，"平等义明，故其民知自重而有所劝于为善"（同上，30页）。这些上帝之子自觉导向内心的反省，因为上帝正注视着他们，乃至他们的内心世界——"上帝临汝，勿贰尔心"（同上，30页），同时，宗教还引导他们充分认识到个人利益与公共利益，即与民族国家利益的一致性，把解放了的个人能力引向社会的建设性方向，也就是将关心公共事务，参与公民自治，增进社会的共同福祉，作为每个公民所拥有的自由与权利中所包含的责任和义务。这难道不是信仰使然吗？"民之心有所主，而其为教有常，故其效能如此"（同上，30页）。

儒教的情况却不容乐观，首先是"偏于私德而公德殆阙如"。（梁启超《新民说》，《饮冰室合集·专集》之四，12页）中国历来有以德治国的传统，儒家更喜欢讲道德文章，但说得多、做得少，能"独善其身"已经是好的，还有不少"卑污虚伪，残忍愚懦之人"（同上）、"后义先利，诈伪奸欺"之人。（王栻主编《严复集》第一册，30页）严复举了甲午年（1894）办海防的例子，"水底碰雷与开花弹子，有以铁滓沙泥代火药者"，外报议论，"谓吾民以数金锱铢之利，虽使其国破军杀将失地丧师不顾"。为什么国民与国家的关系竟处于这样一种分裂状态呢？人们也曾"循其本而为求其所以然之故"吗？他比较东西方在国民教育上的不同，指出："西之教平等，故以公治众而贵自由。自由，故贵信果。东之教立纲，故以孝治天下而首尊亲。尊亲，故薄信果。"他认为，这是造成国民道德水平低下，缺少社会责任感，不能"深私至爱于其国与主"的重要原因之一。而更为重要的是，中国国民至今尚未争取到做人的权利，如果"上既以奴虏待民，则民亦以奴虏自待"，（同上，30—31页）那么很难想象，他们能像"人"一样，言必信，行必果，把国家当成自己的国家，爱国家像爱自己的父母一样。在这里，严复根据西方的民主政治观念，对国与民、君与民的关系做出了不同于儒学传统的解释。他注意到，中国与西方国家的差别，很重要的一点，就在于国民能否参与国家事务，"今夫西洋者，一国之大公事，民之相与自为者居其七，由朝廷而为之者居其三"。（同上，35页）这就是说，西方实行的是"与民共治"，而中国实行的是"君主专制"；西方政治家把国家看做"斯民之公产"，王侯将相只是"通国之公仆隶也"，中国的传统观念却习惯把国家视为帝王的私产，认为"天子富有四海，臣妾亿兆"。这就是差别！"夫如是，则西洋之民，其尊且贵也，过于王侯将相，而我中国之民，其卑且贱，皆奴产子也"。（同上，36页）为什么会是这样呢？他说："秦以来之为君，正所谓大盗窃国者耳。国谁窃？转相窃之于民而已。既已窃之矣，又惴惴然恐其主之或觉而复之也，于是其法与令猬毛而起，质而论之，其什八九皆所以坏民之才、散民之力、漓民之德者也。"（同上，35—36页）生活在这种非人状态下的国民，没有尊严，也没有丝毫自由可言，如何要求他们的公德？又何谈自治及参与国家事务？何谈创造性和建设性？统治者以为这样就"可以长保所窃而永世"，其实恰恰相反，"夫谁知患常出于所虑之外也哉"？（同上，36页）

严复还注意到一点，即西方价值观念中对"私"的认可和尊重，"彼西洋所以能使其民皆若有深私至爱于其国与主，而赴公战如私仇者，则亦有道焉"。这个"道"就是"私之以为己有而已矣"。（同上，31页）亦如梁启超所说："故英美各国之民，常不待贤君相而足以致治。"（梁启超《新民说》，《饮冰室合集·专集》之四，3页）这是因为，他们已经养成了自治的习惯，所以能视国事、公事如己事，不推诿，不逃避，积极地负起责任，而不必依赖任何人。严复于是说道："是故居今之日，欲进吾民之德，于以同力合志，联一气而御外仇，则非有道焉使各私中国不可也。顾处士曰：'民不能无私也，圣人之制治也，在合天下之私以为公。'然则使各私中国奈何？曰：设议院于京师，而令天下郡县各公举其守宰。是道也，欲民之忠爱必由此，欲教化之兴必由此，欲地利之尽

必由此，欲道路之辟、商务之兴必由此，欲民各束身自好而争濯磨于善必由此。"（王栻主编《严复集》第一册，31—32页）

而当时中国的情形，恰恰是可以接受"鼓民力，开民智"，而不能接受"新民德"。很多人可以接受的是，中国在科学技术、农工经济、商业贸易，甚至政治制度方面不如西洋，但绝不承认思想学术、伦理道德不如西洋。其中"一二巨子"如张之洞，提出中学为"体"、西学为"用"的主张，就是企图用这种体用二分的方式，维护中国思想文化的尊严，强化中国人对自身文化的认同。他所说的用，不外乎洋务派一直以来所提倡和身体力行以推广仿效者；而他所说的体，却关乎他们所看重的儒学的精神价值。他们说到西学，自以为"彼之所精，不外象数形下之末；彼之所务，不越功利之间"，（赫胥黎著，严复译《天演论》，8页）这种以逐利为目的的"奇技淫巧"，自然不能与中国博大精深的儒学相提并论。作为立国之精神，先圣哲人的学说才是至善至美的，是西学不能比肩的。退一步说，即使非讲西学不可，也应"先以中学固其根柢，端其识趣"，否则，"其祸更烈于不通西学者矣"。（张之洞著《劝学篇》，43页，广西师范大学出版社2008年10月版）他竭力呼吁保教："欲救今日之世变者，其说有三：一曰保国家，一曰保圣教，一曰保华种。夫三事一贯而已矣。"（同上，11页）这里所要保之教，就是儒教。

康、梁也是保教派。所不同的，康有为不仅要保教，而且要做教主，这是张之洞所反对的。而梁启超对保教的支持，却可能出于比较复杂的动机。他在《复友人论保教书》中首先肯定了宗教在塑造国民精神方面所具有的积极意义，并且明确指出："夫天下无不教而治之民，故天下无无教而立之国。"（梁启超著《饮冰室合集·文集》之三，9—10页）此后，他在《论支那宗教改革》中又强调："泰西所以有今日之文明者，由于宗教革命，而古学复兴也。盖宗教者，铸造国民脑质之药料也。"（同上，55页）尽管严复毫不掩饰他对基督教的欣赏，但他对康、梁所鼓吹的保儒教却又不以为然。他在写给梁启超的一封信中便旗帜鲜明地表示反对保教："谓教不可保，而亦不必保。又曰保教而进，则又非所保之本教矣"。（同上之一，109页）在写给严复的复信中，梁启超为自己，也为保教进行了辩解，他承认，立教的结果，将束缚"士人之心思才力"，思想少了活力，则难有新的开拓和创造。但他担忧，如果没有可以使中国人凝聚起来的精神力量，中国又如何做自己的强国梦，在与西方的竞争中如何得到生存和发展的机会呢？于是他说："中国今日民智极塞，民情极涣，将欲通之，必先合之。合之之术，必择众人目光心力所最趋注者而举之，以为的则可合。既合之矣，然后因而旁及于所举之的之外以渐而大，则人易信而事易成。譬犹民主，固救时之善图也，然今日民义未讲，则无宁先藉君权以转移之。彼言教者，其意亦若是而已。"（同上，110页）梁的这番辩解不是没有现实意义，他希望所保之教可以抵御或削弱西方传教士在中国民众中所产生的巨大影响，恢复儒学作为国教的荣誉，也是可以理解的。而且，他还借此表达了维护中国文化传统不使其断裂的迫切心情，他担心，随着儒教在现实中的衰落，"真儒几无一人"，而西方宗教又借助国家的力量，横行于中国，可能导致中国文化传统的衰落，如果"不思自保，则吾教亡无日矣"。（同上之二，28页）

此时的梁启超，在思考和处理中西文化关系时，内心应该是极为复杂和矛盾的。他来自传统文化的内部，深知其弊病与精华，也深切感受到中国正面临着三千年未有之变局——却也是三千年未有之危局，特别是一场深刻的文化危机。张之洞说："今日之世变，岂特春秋所未有，抑秦、汉以至元、明所未有也。"他说的就是文化，"学者摇摇，中无所主，邪说暴行，横流天下"，因此，"吾恐中国之祸，不在四海之外，而在九州之内矣"。（张之洞著《劝学篇》序，1—

2页）梁启超虽未像张之洞这样如丧考妣，但他显然有更深一层的忧虑。他很清楚，中国所以为中国，首先在于文化；而今日中国所以陷于贫弱，也是文化造成的，文化在其中承担着不可推卸的责任。不过他说："中国之学，其沦陷澌灭一缕绝续者，不自今日，虽无西学以乘之，而名存实亡，盖已久矣。"他把"今之所谓儒者"分为三类，其中等而下之者，"八股而已，试帖而已，律赋而已，楷法而已"；略高一点的，"笺注虫鱼，批抹风月，旋贾马许郑之胯下，嚼韩苏李杜之唾徐，海内号为达人，谬种传为巨子"；还有等而上之者，"则束身自好，禹行舜趋，衍诚意正心之虚论，剿攘彝尊王之迂说"；故号称儒学弟子的人虽多，但大约不出这三类。（梁启超著《饮冰室合集·文集》之一，127页）所以他说："今日非西学不兴之为患，而中学将亡之为患。"这种激愤之情恰恰根源于他对历史和现实的认知。他看到了传统文化对中国的伤害是深入骨髓的："旧学之蠹中国，犹附骨之疽，疗痈甚易，而完骨为难。"（同上，126页）但传统文化的问题不在其自身，而在于后人的曲解和误入歧途，这才使得六经从经世致用之学——无一字不可见于用，变成了无用之学、愚民之学。

"然则孔教之至善，六经之致用，固非吾自祖其教之言也，不此之务，乃弃其固有之实学，而抱帖括、考据、词章之俗陋，谓吾中国之学已尽于是，以此与彼中新学相遇，安得而不为人弱也"。（同上，128页）很显然，在对六经的看法上，严复与梁启超是有分歧的。严复在《辟韩》一文中十分尖锐地批评了韩愈的《原道》。他认为，中国的专制统治造成了国民的贫弱，而圣人正是专制统治者的帮凶。他甚至明确表示："苟求自强，则六经且有不可用者！"（王栻主编《严复集》第一册，35页）这样激烈的言辞，当时的梁启超既不完全认同也不敢说。所以他说："不服先生之能言之，而服先生之敢言之也。"（梁启超著《饮冰室合集·文集》之一，109页）严复的这句话，《时务报》转载时改为"古人之书且有不可泥者"，（中国近代期刊汇刊《强学报时务报》第二册，1588 页，《时务报》第二十三册，中华书局 1991 年 9 月版）就是担心刺激到某些读者的神经。尽管如此谨慎，还是惹恼了张之洞，他看到严复的文章，"见而恶之，谓为洪水猛兽"，于是，命屠仁守（梅君）作《辨"辟韩"书》，刊于《时务报》第三十册。（孙应祥《严复年谱》，87—88 页，中国近代期刊汇刊《强学报时务报》第三册，2053—2057 页）这当然并不代表梁启超的态度，他强调六经可读、六经必读，是因为六经仍有经世之用，而不仅仅因为它是神圣不可侵犯的典籍。这是他的标准，即使是西学，如果没有经世之用，也可以弃之不读。"凡学焉而不足为经世之用者，皆谓之俗学可也。居今日而言经世，与唐宋以来之言经世者又稍异，必深通六经制作之精意，证以周秦诸子及西人公理公法之书以为之经，以求治天下之理；必博观历朝掌故沿革得失，证以泰西希腊罗马诸古史以为之纬，以求古人治天下之法；必细察今日天下郡国利病，知其积弱之由，及其可以图强之道，证以西国近史宪法章程之书，及各国报章以为之用，以求治今日之天下所当有事，夫然后可以言经世"。（梁启超著《饮冰室合集·文集》之二，28 页）在这里，他提出了中学、西学互参互证的原则，强调"舍西学而言中学者，其中学必为无用，舍中学而言西学者，其西学必为无本。无用无本，皆不足以治天下"。（同上之一，129 页）

三、谭嗣同的精神遗产

最后说到谭嗣同。梁启超说，谭嗣同是晚清思想界的一颗彗星。他们结交很晚，大约在光绪二十一年（1895）秋冬之间，梁启超与谭嗣同在北京相遇，遂成知己。光绪二十四年（1898）八月，戊戌政变发生，谭嗣同慷慨赴死，梁启超避难去国。他们之间的交往，虽然只有短短三年时间，却演绎出一段动人的佳话。

谭嗣同（1865—1898），字复生，号壮飞，又号华相众生，湖南浏阳人。三十岁以前，他所学颇杂，举凡考据笺注、金石刻镂、诗古文辞、兵法武术，无不涉足其间。三十岁以后，乃尽弃其旧学，转而研究"大同太平之条理"，并兼治佛学。（梁启超著《饮冰室合集·专集》之一，109 页）不久，他接受梁启超的建议，作《仁学》一书，成为他最重要的代表作。由于他在书中言辞激烈地批评清朝和名教，这部书在他生前未能出版，最后由梁启超在日本刊布，始流传于世。

谭嗣同的思想自有其局限性，他英年早逝，活跃于晚清历史舞台不过三四年的时间。他的《仁学》，按照梁启超在序中的说法，是要"光大南海之宗旨，会通世界圣哲之心法，以救全世界之众生也"。（蔡尚思、方行编《谭嗣同全集》下册，373 页，中华书局 1981 年 1 月版）不过，由于作者接受新学及西学较晚，时间不长，难以融会贯通，其中"驳杂幼稚之论甚多，固无庸讳，其尽脱旧思想之束缚，戞戞独造，则前清一代，未有其比也"；多年后梁启超还在尽力为他开脱，"由今观之，其论亦至平庸，至疏阔。然彼辈当时，并卢骚（卢梭）《民约论》（《社会契约论》）之名亦未梦见，而理想多与暗合，盖非思想解放之效不及此"。（梁启超著《清代学术概论》，92—93 页）他的意思是说，作者的思想局限是历史的，但其解放思想，冲决罗网的勇气和大无畏的牺牲精神，却影响了不止一代人。梁启超在他的政治幻想小说《新中国未来记》中还借了主人公"毅伯"之口承认，其一生事业之大半，都是从《长兴学记》和《仁学》这两部书中得来的。

谭嗣同的《仁学》，其核心思想固然是对"仁"的阐发，但他对"仁"的理解，却又有别于儒学传统对"仁"的解释。他在《仁学·自序》中就曾指出："故言仁者不可不知元，而其功用可极于无。能为仁之元而神于无者有三：曰佛，曰孔，曰耶。佛能统孔、耶，而孔与耶仁同，所以仁不同。能调燮联融于孔与耶之间，则曰墨。周秦学者必曰孔、墨，孔、墨诚仁之一宗也。惟其尚俭非乐，似未足进于大同。"（蔡尚思、方行编《谭嗣同全集》下册，289页）这里涉及佛、孔、耶、墨四家学说，他竟然可以高屋建瓴般地将它们统一于"仁"。在他看来，佛能统摄孔子和耶稣的思想，而孔子和耶稣所理解的"仁"是一样的，但实现"仁"的路径不一样；至于墨子，由于他讲"兼爱"，与孔子的"仁"源于一宗，因而可以作为孔、耶的中介，打通孔、耶。但他又主张"尚俭非乐"，故难以进于大同的境界。他把墨子的"任侠""格致"都称为"仁"，故以"近合孔墨，远探佛法"而称之。他又联系到自身："由是益轻其生命，以为块然躯壳，除利人之外，复何足惜。深念高望，私怀墨子摩顶放踵之志矣。"（同上，289—290页）梁启超所谓其一生事业之大半得益于《仁学》，大约就是谭嗣同所向往的这种近乎宗教热情的信仰。

谭嗣同很看重康有为以孔教立国的主张，对此，他表现得甚至比梁启超还要热心。他在写给老师欧阳中鹄的信中便谈道："教不行而政乱，政乱而学亡。故今之言政、言学，苟不言教，则等于无用。"他对民间所传要建孔子教堂的做法亦深以为然："强学会诸君子，深抱亡教之忧，欲创建孔教教堂，仿西人传教之法，遍传于愚贱。某西人闻之，向邹沅帆曰：'信能如此，我等教士皆可以回国矣。'"（同上，464—465页）梁启超也曾把传教看得很重要，他认为孔教的名存实亡，是中国所以积贫积弱的根本原因："其风俗之败坏，士夫之隘陋，小民之蠢愚，物产不兴，智学不开，耳目充闭，若坐智井，耻尚失所，若病中风，则直谓之无教可耳。"（梁启超著《饮冰室合集·文集》之三，10页）谭嗣同看到了这一点，但他不认为孔教本身有问题，而是传教的方法有问题：其一，不能尊孔子为唯一教主，做不到"道德所以一，风俗所以同"；其二，不能一视同仁，门槛太高，"惟官中学中人始得祭之"，"农夫野老，徘徊观望于门墙之外"，价值难以普世；其三，包容性差，排斥异端，"皆不容于孔子"。（蔡尚思、方行编《谭嗣同全集》下册，465页）所以，恰如严复所说，两千年来，孔教中人事实上放弃了对国民的教育。当时就有耶稣会的传教士说："中国既不自教其民，即不能禁我之代教。"（同上，465页）正是由于看到了问题的严重性，康、梁及谭嗣同都把国民教育看做是中国复兴的根本大计。谭嗣同并不担忧孔教的消亡，因为在他看来："教无可亡也。教而亡，必其教之本不足存，亡亦何恨。教之至者，极其量不过亡其名耳，其实固莫能亡矣。"（同上，290页）他相信圣人所争不在名而在实，名可以亡而实不会亡。他这里所谓实，即指天地间之公理，也就是普世价值，表现在两个方面："一曰慈悲，吾儒所谓'仁'也。一曰灵魂，《易》所谓'精气为物，游魂为变'也。"（同上，464页）他要为"仁"拨乱反正，就从破其名而正其实开始。他说："俗学陋行，动言名教，敬若天命而不敢渝，畏若国宪而不敢议。嗟乎！以名为教，则其教已为实之宾，而决非实也。又况名者，由人创造，上以制其下，而不能不奉之，则数千年来，三纲五常之惨祸烈毒，由是酷焉矣。"（同上，299页）既然中国的统治者是"以威刑钳制天下，则不得不广立名为钳制之器"（同上，299页），名教横行，仁自然就少了，甚至消失了，所以他主张"冲决网罗""打破偶像"，（梁启超著《清代学术概论》，91页）以求仁之实和仁之本意。

谭嗣同留给梁启超的精神遗产是显而易见的，尤其是其冲决网罗的勇气和大无畏的牺牲精神，以及不唯发愿救本国，而且发愿救人类的理想境界，一直为梁启超所仰慕，并潜移默化成为其思想和魂魄中的一部分。他在发表《变法通议》之后，曾计划再作一部《说群》，也是鸿篇巨制，共"十篇一百二十章"，其中所论为"内演师说，外依两书，发以浅言，证以实事"，（梁启超著《饮冰室合集·文集》之二，3页）他这里所谓两书，一为严复的《天演论》，一为谭嗣同的《仁学》。遗憾的是，梁启超的这个计划，与他此后的许多写作计划一样，似乎也半途而废了，我们现在所看到的只有《〈说群〉序》和《说群一、群理一》两篇。从这两篇短文中，我们还很难找到梁启超所说的对康有为、严复及谭嗣同思想的发挥，但其基本观点还是露出了一些端倪。毕竟，他在思想上的兼收并蓄，为其打破持续将近百年的帝国"自改革"思维困境奠定了基础，也开辟了道路。

第三章

梁启超初识君主立宪

一、只有君主立宪可以救中国

戊戌变法失败后，谭嗣同等六君子血溅菜市口，康、梁等人逃亡海外，一大批参与、支持、同情变法的官员，或被抓被关，或罢官免职，或遣戍流放，一场轰轰烈烈的"自改革"运动，就此瓦解而归于沉寂。但地火和潜流还在，沉寂只是暂时的，历史的行程此时正处在迈向大改革还是滑向大灾难的十字路口。中国向何处去？仍然是每个关心中国命运的人不得不思考的问题。

孤悬海外的康、梁首先以"保皇"相号召，梁启超在戊戌政变三个月后即创办了《清议报》，戊戌年十一月十一日（1898 年 12 月 23 日），第一期问世伊始，他便大声疾呼："吾以为海内臣子，如有念君父之仇者，则宜于今日而兴讨贼之师也；如有恤友邦之难者，则宜于今日而为问罪之举也。"（中国近代期刊汇刊第二辑《清议报》第一册，13 页，第一期，4 页，中华书局 1991 年 9 月版）当时，对于如何保全中国，舆论有三种主张：

甲说曰：望西后、荣禄、刚毅等他日或能变法，则中国可保全也。

乙说曰：望各省督抚有能变法之人，或此辈入政府，则中国可保全也。

丙说曰：望民间有革命之军起，效美、法之国体以独立，则中国可保全也。

梁启超逐一驳斥了这三种说法：甲说不可能，乙说亦无望，丙说则时机尚不成熟，他认为，在民智未开、民力不厚、人人无自主之权的今天，如果"倡民政于中国，徒取乱耳"，搞不好还有被列强瓜分的危险，"故今日议保全中国，惟有一策，曰尊皇而已"。（梁启超著，夏晓虹辑《饮冰室合集·集外文》下册，1198—1199 页，北京大学出版社 2005 年 1 月版）康、梁主张保皇，固然有其个人原因，所谓报皇上知遇之恩是也，但也基于对形势的客观分析，他看到，孙中山"驱逐鞑虏，恢复中国"的主张，在当时还很难得到社会各阶层的广泛认同，而保皇却可以为绝大多数国民和海外华侨所接受，尤其是在知识阶层和士绅官吏中，支持保皇而反对革命者更加普遍。孙中山后来也承认："由乙未（1895）初败以至于庚子（1900），此五年之间，实为革命进行最艰难困苦之时代也。"（朱正编《名人自述》之孙文学说（节录），40 页，东方出版社 2009 年 1 月版）孙中山所谓难，就难在国内既不能立足，海外又遇到保皇党这个劲敌，革命前途，几绝希望。

康、梁此时热衷于保皇，还有一个原因，即对日本政府抱有某种幻想。他们以为，只要说动日本政府出面干涉，光绪恢复权力或指日可待。所以，康有为抵达日本的当天，梁启超就与大隈重信的代表志贺重昂进行了笔谈。他试图使日本人相信，东方的安危全在于中国能否自立；但中国能不能自立，"全系于改革不改革"；而中国的改革能否继续并最终完成，"又全系乎皇上之有权无权"。（丁文江、赵丰田编《梁启超年谱长编》，159 页，上海人民出版社 1983 年 8 月版）不幸的是，康有为抵达日本的第五天，大隈内阁就倒台了，主张对外扩张的山县有朋上台组阁，他不赞成大隈重信日本应联合中国对付西方的主张，借口清政府施压，把康有为请出了日本，康、梁的如意算盘也就落了空。

外援既无望，他们只能把目光转向自身。这时的中国，一方面是再度临朝训政的西太后禁言变法和新政，满朝皆鸦雀无声，不闻有异议者。到了光绪二十五年（1899）冬天，西太后与刚毅、徐桐、崇绮、启秀、荣禄等一班老臣密谋废立问题，为慎重起见，最终决定"择宗室近支子，建为大阿哥，为上嗣，兼祧穆宗"，（史晓风整理《悍毅鼎澄斋日记》附录《崇陵传信录》，784—785 页，浙江古籍出版社 2004 年 4 月版）这便是所谓"己亥建储"。这件事在海内外引起了极大震动，各地官绅士民无不大义激发，舆论沸腾，上海电报局总办、知府经元善联合绅民一千二百三十一人电争，海外华侨数十万人也纷纷来电谏阻，又有外国将要出兵干涉的种种传言，终于迫使废立之谋暂时搁置，大阿哥虽然立了，皇位的授受，却还要再等机会。西太后以及依附于她的那些人，原本就对外国人协助康、梁逃走，并支持他们成立保皇会非常不满，这一次预谋废立，事先曾命荣禄等征询各国公使的意见，均未有所表示，这使得他们既心有余悸，又愤恨不平，义和团的兴起给了他们一个机会，得以借此发泄对洋人的不满，最终酿成了八国联军攻占北京，西太后胁迫光绪皇帝西逃的惨剧。

另一方面，孙中山的革命党与康、梁的保皇党都对清政府深表失望，不唯革命党要用武力推翻清朝的统治，保皇党也不排除武装勤王的方式，区别仅仅在于后者还不能完全割断与光绪的君臣之义。这时的梁启超不仅表示赞成革命，主张破坏主义，而且主动与孙中山、陈少白等往来，探讨两党合并的可能性。虽然此事在康有为的干预下以梁启超赴檀香山创办保皇会而中断，但两党的合作仍以一种扭曲的形式继续发展，其间，唐才常发挥了重要的中介作用。庚子年（1900）初，唐才常在上海创立正气会，即自立会的前身，亲自制定《正气会章程》二十余条，标其宗旨为"务合海内仁人志士，共讲爱国忠君之实"，并在其撰写的《正气会序》中讲了"君臣之义，如何能废"的话，同时也讲了"非我种类，其心必异""低首腥膻，自甘奴隶"（湖南省哲学社会科学研究所编《唐才常集》，197—198 页）这样的话，其目的就在于调和两党矛盾，充分利用双方的资源优势，共同完成推翻清统治的革命大业。此后又有设立"国会"的倡议，并于七月初一（7 月 26 日）正式召开于上海的张园。此国会当然只具象征意义，这时，北方的义和团运动进入高潮，形势严峻，亦机会难得，唐才常也加快了筹划自立军起义的进程。但终因海外筹款迟迟不至，举事时间一再拖延，导致事情败露，被张之洞先发制人，先后捕杀唐才常、林圭等二十人（一说二十八人），起义遂告失败。而孙中山所领导的惠州起义，也因武器接济不上而以失败告终。当年七月，梁启超从檀香山绕道东京回到香港，准备转道武汉，投身军中。不料，船到上海，耽误了时间，第二天，忽然得到汉口失败的消息，冥冥之中躲过一劫。他便前往南洋去见康有为，不久又有澳洲保皇会之邀，游历澳洲半年之久，直到光绪二十七年（1901）四月，他才返回日本。

自立军庚子勤王失败，梁启超毕其功于一役的希望落空，而北方的义和团运动，又给西方国家瓜分中国提供了口实，使得中国再次陷入危局。旅澳的梁启超忧中国之弱、思救中国之弱，于是作《中国积弱溯源论》，发表于《清议报》。这篇文章历来被看做"鼓吹保皇，反对革命"（丁文江、赵丰田编《梁启超年谱长编》，260 页）的铁证。章太炎当即作《正仇满论》予以批驳，他尖锐指出："梁子所悲痛者，革命耳；所悲痛于革命，而思以宪法易之者，为其圣明之主耳。"（同上，261 页）章氏的批驳可谓一针见血，但梁氏所论，又绝非"鼓吹保皇，反对革命"这样简单。此前一年，他在写给孙中山的信中就坦言："夫倒满洲以兴民政，公义也；而借勤王以兴民政，则今日之时势，最相宜者也。"（同上，258 页）他恳切希望孙中山不妨稍加变通，顺应时势，促成勤王大业的一举成功，而"草创既定，举皇上为总统，两者兼全，成事正易，岂不甚善"？（同上，258 页）

就在大约同时，他致信康有为，为其主张辩护，极言自由与革命对于中国之必不可少："故路梭（卢梭）诸贤之论，施之于法国，诚为取乱之具，而施之于中国，适为兴治之机；如参桂之药，投诸病热者，则增其剧，而投诸体虚者，则正起其衰也。"（同上，235页）他为法国大革命张目，谓没有法国大革命，就没有欧洲近代以来的进步。"英国为宪政发达最久最完之国，流血最少，而收效最多者也。而其安危强弱之最大关键，实在一千八百三十二年之议院改革案；而此案之起，乃由法人影响所及（英民闻法人争权之事而兴起），此案之得成，亦由执政者惮于法之惨祸，而降心遽许之"。（同上，235—236页）因此，他不赞成康有为"但当言开民智，不当言兴民权"的说法，指出："夫不兴民权则民智乌可得开哉。"（同上，236页）既然如此，自由也就成了开民智的必要条件，"故今日而知民智之为急，则舍自由无他道矣。中国于教学之界则守一先生之言，不敢稍有异想；于政治之界则服一王之制不敢稍有异言，此实为滋愚滋弱之最大病源。此病不去，百药无效，必以万钧之力，激厉奋迅，决破罗网，热其已凉之血管，而使增热至沸度；搅其久伏之脑筋，而使大动至发狂。经此一度之沸，一度之狂，庶几可以受新益而底中和矣"（同上，237页）。但自由不是哪一个人或哪一群人可以不受约束而胡作非为，自由者，人人之自由也，也就是说，每个人的自由都是神圣不可侵犯的。为了保护人人之自由，就需要法律，"盖法律者，除保护人自由权之外，无他掌也"（同上，238页）。

由此可见梁启超的煞费苦心，无论革命、改良，排满、保皇，在他看来，均无不可，只要能以最小的代价改变中国积贫积弱的现状，为中国国民谋求进步和幸福，就是善举。恰如他对孙中山所说："至于办事宗旨，弟数年来，至今未尝稍变，惟务求国之独立而已。若其方略，则随时变通。但可以救我国民者，则倾心助之，初无成心也。"（同上，181页）回过头来再看梁启超的《中国积弱溯源论》，我们就会发现，章氏之论，是用了攻其一点，不及其余的战法。虽说在这篇文章里梁启超明确表达了对革命的担忧，以及对光绪皇帝寄予的希望，但他更明确地提出要改变沿袭了几千年的君主专制制度，改变一家一姓将国家据为私有的现状，并非仅仅驱逐满人，推翻清朝。而改变这一切最好的办法，在他看来就是实行君主立宪制度。不过，章太炎关注的焦点不在这里，他所在意的只是作者对满族统治者持怎样的态度。这种片面性不仅影响到当时许多人对梁启超的看法，甚至影响到后世许多人对梁启超的看法。

　　为了消除这种影响，我们有必要重读这篇文章，尽管它长达二万余字。在这里，梁启超深刻触及了中国几千年政治腐败的核心问题，找到了中国久病不治的根源。全文分为四节。第一节，积弱之源于理想者；第二节，积弱之源于风俗者；第三节，积弱之源于政术者；第四节，积弱之源于近事者。在第一节中，他首先指出："爱国之心薄弱，实为积弱之最大根源。"他由此推及"其所以薄弱之由"，主要表现在三个方面：其一，不知道国家与天下的差别，于是生出两个弊端，"一则骄傲而不愿与他国交通，二则怯懦而不欲与他国竞争"，这是一种既自大又自卑的心理；其二，不知道国家与朝廷之界限，"吾国民之大患，在于不知国家为何物，因以国家与朝廷混为一谈"，这就给一家一姓将全国人之公产据为私有留下了机会；其三，不了解国家与国民之间的关系。国家的主人是谁？不是一国之君，而是一国之民。君也好，官也好，都是国民的公仆。他在这里称韩愈的思想为"邪说"，使我们想起数年前严复的《辟韩》，二者的相关性是显而易见的，他们都对韩愈维护君权、轻视民权的主张不以为然，梁启超则进一步指出他的危害，就在于"此等邪说，成为义理，而播毒种于人心"，这些把国家窃为一己之私产的独夫民贼，反而"援大义以文饰之"，才使得"一国之民，不得不转而自居于奴隶"。最后他说："以上三者，实为中国弊端之端、病源之源，所有千疮百孔、万秽亿腥，皆其子孙也。而今不欲救中国则已耳，苟欲救之，非从此处拔其本，塞其源，变数千年之学说，改四百兆之脑质，虽有善者，无能为功。"

第二节从风俗入手，分为六个方面，推本穷源，将"国民所以腐败之由，条列而偻论之"：一曰奴性，二曰愚昧，三曰为我，四曰好伪，五曰怯懦，六曰无动。这六大方面，是对国民性的最早概括。一、二、三、五比较好理解，四曰好伪，就是喜欢说假话，不说真话，上瞒下骗，互不信任；六曰无动，需要稍加解释，这是老子说过的话，所谓"无动为大"，梁启超斥之为"千古之罪言"。为什么？因为违背自然规律，"夫日非动不能发光热，地非动不能育万类，人身之血轮，片刻不动，则全身冻且僵矣。故动者万有之根原也"。把这种"无动"的主张用于人事，就形成了数千年貌似忠信、貌似廉洁，实则没有主张、没有是非的"乡愿天下"，人则"如木偶，如枯骨，入于隤然不动之域然后已"。结果就出现了这样的图景，他说："吾闻官场有六字之秘诀，曰多叩头、少讲话。由今观之，又不惟官场而已，举国之人，皆从此六字陶镕出来者也。"

总结以上六个方面，他认为："递相为因，递相为果，其深根固蒂也，经历夫数千余年年年之渐渍，莫或使然，若或使然，其传染蔓延也，盘踞夫四百兆人人人之脑筋，甲也如是，乙也如是，万方一概，杜少陵所以悲吟，长此安穷，贾长沙能无流涕？呜呼，我同胞苟深思焉，猛省焉，必当憬然于前此致弱之故，有不能专科罪于当局诸人者；怵然于此后救弱之法，有不能专责于当局诸人者。"梁启超的这番话，看上去貌似在为当局者开脱、辩护，其实也不尽然，他说："吾见夫举国之官吏士民，其见识与漪（载漪）、刚（刚毅）、赵（赵舒翘）、裕（裕禄）、毓（毓贤）、李（李秉衡）相伯仲也，其意气相伯仲也，其性质相伯仲也，其才能相伯仲也，盖先有无量数

漪、刚、赵、裕、毓、李之同类，而漪、刚、赵、裕、毓、李乃乘时
而出焉，之数人者，不过偶然为其同类之代表而已。一漪、刚、赵、
裕、毓、李去，而百千万亿之漪、刚、赵、裕、毓、李，方且比肩而
立，接踵而来，李僵而桃代，狼却而虎前，有以愈乎，无以愈乎？"
他甚至大声疾呼："吾请更以一言正告我国民，国之亡也，非当局诸
人遂能亡之也，国民亡之而已；国之兴也，非当局诸人遂能兴之也，
国民兴之而已。政府之良否，恒与国民良否为比例，如寒暑针之与空
气然，分秒无所差忒焉，丝毫不能假借焉。若我国民徒责人而不知自
责，徒望人而不知自勉，则吾恐中国之弱，正未有艾也。"他在这里
讲了一个很有意思又十分深刻的道理，官吏、政府都不是凭空产生
的，有怎样的国民，就有怎样的官吏、政府；换一批官吏，换一个政
府，相对来说是容易的，但如果国民还是过去的国民，丝毫未加改
变，新的官吏和政府，也只能是换汤不换药。几年后，他与飞生（蒋
百里）争论先新民还是先新国家、新政府，其实是同一个问题。而恰
恰是对国民性的思考，使他找到一条新的思路，从而超越了百年来
"自改革"理论的束缚，拓展了思想理论视野。值得注意的是，在他
对国民性的分析、批判中，国家与国民的关系已经获得了新的解释，
而且蕴涵着他对国民的期待。中国未来的独立、进步、富强，都不再
寄希望于皇帝、朝廷、官吏、政府，而只能寄希望于国民自身。对他
来说，这是一个根本性的转变。这个转变不是一蹴而就所能完成的，
但此时此刻发生的这种转变，却只能说是水到渠成。

再来看第三节。如果说上一节是对国民性的剖析，那么，这一
节则揭示了这种国民性之所由来，"造成今日之国民者，则昔日之政
术是也"。有人指责梁启超保皇，固然，他希望在未来的君主立宪国
家中给光绪留一个位置（理由在第四节中将会提到），但他并不想维
护数千年来集专制统治之大成的皇权制度，不仅不维护，而且还要揭
它的老底，使国民都能看清它的真面目。也就是说，他所关注的是为

掠夺者提供保护的专制制度，而不仅仅是被保护的某一家、某一姓，或某一族。国家者，国民的国家，国民是国家的主人，国家是属于每个国民所有的公产，但是，数千年来，统治者都以国家为彼一姓之私产。为了防止国民索回自己应有的权利，保护一己之私产不至于得而复失，他们需要各种维护其利益的手段和措施，"此实中国数千年来政术之总根源也"。而所谓政术，即统治之术，它所针对的，就是民气、民智、民力、民群、民动这五个方面，"但使能挫其气，窒其智，消其力，散其群，制其动"，统治者可以无所不用其极。他说："吾尝遍读二十四朝之政史，遍历现今之政界，于参伍错综之中，而考得其要领之所在，盖其治理之成绩有三：曰愚其民、柔其民、涣其民是也。而所以能收此成绩者，其持术有四：曰驯之之术，曰话之之术，曰役之之术，曰监之之术是也。"

所谓驯之之术，就是教育。而中国历来之教育，其目的，"惟在使人服从而已"。梁启超转引日本近代著名启蒙思想家福泽谕吉的话说："支那旧教，莫重于礼乐，礼也者，使人柔顺屈从者也，乐也者，所以调和民间勃郁不平之气，使之恭顺于民贼之下者也。"手段就是科举考试、制艺取士，俗称八股试帖，即以应试之教育将社会精英尽入其彀中。其结果，"遂使举国皆盲瞽之态，尽人皆妾妇之容，夫奴性也、愚昧也、为我也、好伪也、怯懦也、无动也，皆天下最可耻之事也，今不惟不耻之而已，遇有一不具奴性、不甘愚昧、不专为我、不甚好伪、不安怯懦、不乐无动者，则举国之人，视之为怪物，视之为大逆不道，是非异位，憎尚反常，人之失其本性，乃至若是，吾观于此，而叹彼数千年民贼之所以驯伏吾民者，其用心至苦，其方法至密，其手段至辣也"。他以妇女缠足为例进一步说明，思想禁锢久了，人的本性已失，虽然得到释放，也很难恢复到正常行走的状态。据说雍正曾发上谕，禁止满人学习八股，就是看到了这种教育对人的伤害，他明白告诉满人，此等学问，不过笼制汉人而已。教育的本质至此则昭然若揭。

　　话之之术，说的直白一点，就是给你一点甜头一点好处，让你心甘情愿地做奴才，"载颠载倒，如狂如醉，争先恐后，奔走而趋就之矣"。这便是科举的魔力，科而举之，学而优则仕，以功名利禄，光宗耀祖，诱而惑之，不怕你不入其彀中。曹操号令于国中，说得毫不含糊：有从我游者，吾能富而贵之。都是用小恩小惠换取你对统治者的忠诚。于是便说到官制，即所谓役之之术，梁启超指出："文明国之设官吏，所以为国民理其公产也，故官吏皆受职于民；专制国之设官吏，所以为一姓保其私产也，故官吏皆受职于君。此源头一殊，而末流千差万别，皆从此生焉。故专制国之职官，不必问其贤否，才不才，而惟以安静、谨慎、愿朴，能遵守旧规，服从命令者为贵。"而且，既然受职于君，就必须对君负责，很多官员之所以胆小怕事，不敢负责任，不敢得罪上级，一个重要原因，就在于他的职位是上级领导乃至于皇帝给的。他们手中握有一个人的生杀大权，可以决定一个人的前途命运。长此以往，"举国之官吏，皆变成无脑无骨无血无气之死物"，你想让他服务于国民，门也没有。然而，"一国之大，安保无一二非常豪杰，不甘为奴隶为妾妇为机器者？又安保无一二不逞之徒，蹈其瑕隙，而学陈涉之辍耕陇畔，效石勒之倚啸东门"？所以，还要有监之之术，"故有官焉，有兵焉，有法律焉，皆监民之具也。取于民之租税，所以充监民之经费也，设科第，开仕途，则于民中选出若干人而使之自监其俦也"。他提到一则逸事："昔有某西人语某亲王曰：贵国之兵太劣，不足与列强驰骋于疆场，盍整顿之。某亲王曰：吾国之兵，用以防家贼而已。"他为此而感叹："呜呼！此三字者，盖将数千年民贼之肺肝，和盘托出者也。夫既以国民为家贼，则防之之道，固不得不密。伪尊六艺，屏黜百家，所以监民之心思，使不敢研究公理也；历禁立会，相戒讲学，所以监民之结集，使不得联通声气也；仇视报馆，兴文字狱，所以监民之耳目，使不得闻见异物也；罪人则挐，邻保连坐，所以监民之举动，使不得独立无惧也。故今日文明诸国所最尊最重者，如思想之自由，信教之自由，集会之自由，言论之自由，著述之自由，行动之自由，皆一一严监而紧缚之。"

如此严防死守，总可以江山永固，高枕无忧了吧？事实并非如此。它给国家带来的危害，却是统治者没有想到或不愿做如是想的。如果一个国家把国民的"手脚"都捆绑起来，拘于暗室，不给其自由，它失去的只能是国家的元气，所谓"立国之大本而尽失之"。而且，综观中国历史，有没有一家一姓的统治能传万世而不终结呢？自然没有，王朝的鼎革更迭、一家一姓的兴亡，几千年来在我们这里就从未中断过。一部中国古代史，忽而刘，忽而李，忽而赵，忽而朱，而时至晚清，传统的周期性内乱或将宣告结束，摆在人们面前的，是"三千年未有之大变局"。经过与西方列强的数番较量，西方之强与中国之弱已彰显无遗，在这种情形之下，"虽合无量数聪明才智之士以应对之，犹恐不得当，乃群无脑无骨无血无气之侪，偃然高坐酣然长睡于此世界之中，其将如何而可也"？没有更好的办法，唯一可以给中国人带来希望的，就是改变现行的君主专制政治，这是梁启超所能给出的最好答案。

然而他说，这只是"总因""远因"，还有"分因""近因"。且看他是如何分析的。第四节，他谈到"积弱之源于近事者"，何谓近事？即清王朝入主中原以来二百余年间的往事，他所谓"分因""近因"就蕴涵于其中。回到当时的情境，明王朝被清王朝取代，于情于理都是说得通的。清初与晚明，二者气象之不同，孰明孰暗，昭昭在目，亦无需争辩。问题在于，清代明，又不同于以往的改朝换代。历史上，以"异族"身份而取得对整个华夏的统治权，除了元，只有清。因此，从一开始他们就面临着如何建立其合法性并实行有效统治的问题。就本能而言，没有人会自愿拥戴异族为自己的主子，何况在其入主中原的过程中，曾经制造了惨烈的"扬州十日""江阴八十一日"和"嘉定三屠"，史称"明末三惨"。今天的历史研究者或许可以站在更高的角度，以当代的"历史视野"消化其中民族冲突的意味，但当时的情形却是汉服衣冠被"异族"褫夺，对汉族士绅来说，这是比身家性命还要珍贵的东西，是决不容亵渎的。所以，作为体现汉文化价值的核心地区，江南士绅的反抗不仅激烈，而且持久，章太炎在二百年后仍把满洲视为"非吾中夏神明之胄"，就说明满汉的这种隔阂有清一代始终没有完全解决。清朝统治者接过汉文化中"大一统"的思想资源而加以发挥，成功地解决了江南士绅以"夷夏之辨"制造的满汉对立，并且完成了正统意识形态的构建。直到清末，在大多数人的心目中，清廷已是正统的与合法的，这是事实。而看似矛盾的是，他们既要消除"夷夏之辨"，却又"严满汉之界"，禁止满汉互通婚姻，并严禁满人不得为士、农、工、商，而以八旗军籍世袭。虽有历史学家指出，这些规定在历史上并未严格执行，尤其到了清末，有些规定已形同虚设，但它的确造成了满人能力的退化和生计的匮乏，以及汉人对满人享有特权的不满。这便是章太炎所说："汉人无民权，而满洲有民权，且有贵族之权者也。"（章太炎著《正仇满论》，见《辛亥革命前十年间时论选集》第一卷上册，95—96页，生活·读书·新知三联书店1960年4月版）同时，它还大兴文字狱，康、雍、乾三朝，尤以乾隆朝最盛，"兴文字狱以十数"，株连满廷，据说，朝中大臣始终未曾入刑部大狱者，一人而已，目的无非是要窒息汉人精神，用强制的手段消灭异己思想，使汉人彻底屈服。这种疯狂的举动，恐怕就根源于对汉人的怀疑和猜忌。梁启超指出，这种做法简直就是"聚六州之铁铸成大错者"。其中固然有不得不为之的原因，"以满洲仅数十万人，而驭汉人数万万人，惧力薄而不能压服之也"。但它所带来的后果，却是中国分裂为满人的中国和汉人的中国，不仅汉人仇视满人，满人也仇视汉人。戊戌政变后官至兵部尚书、协办大学士，庚子年鼓动西太后支持义和团，并主张废黜光绪皇帝的刚毅，就曾编造过"汉人强，满洲亡，汉人疲，满洲肥"的谬论以乱天下（"宁赠友邦，毋与家奴"的发明权也属此人）。然而，梁启超提醒读者注意，"其所以为志得意满者，岂不即为一败涂地之先声耶？其所以挫抑民气，压制民权者，岂不即为民气、民权之引线耶？中国自乾隆以后，四海扰扰，未几遂酿洪杨之变，糜烂十六省，蹂躏六百余名城，其惨酷殆不让于法国之一千七百八十九年矣"（以上引文均见梁启超著《饮冰室合集·文集》之五，12—42页）。

事实上，满汉之间直到清帝宣布退位始终未能达成和解，由于皇帝是满人，朝内的权臣也以满人为主，王权专制的残暴与专横，自然要算在清统治者的账上。特别是到了乾、嘉时期，清王朝非但外强中干，而且从内到外都已腐败溃烂。乾隆靠政治高压维持其统治，至其晚年，已经是"万马齐喑究可哀"。龚自珍的这首诗已经真切表达了他对清末那种扼杀生机、窒息思想的舆论环境的不满和痛惜。他还作《病梅馆记》，以梅为喻，来讽刺专制制度对社会"正能量"的束缚、压制和摧残："或曰：梅以曲为美，直则无姿；以欹为美，正则无景；梅以疏为美，密则无态。固也。此文人画士心知其意，未可明诏大号，以绳天下之梅也；又不可以使天下之民，斫直、删密、锄正，以夭梅、病梅为业以求钱也。梅之欹、之疏、之曲，又非蠢蠢求钱之民，能以其智力为也。有以文人画士孤癖之隐，明告鬻梅者，斫其正，养其旁条，删其密，夭其稚枝，锄其直，遏其生气，以求重价，而江浙之梅皆病。"（龚自珍诗文注释组《龚自珍诗文选注》，165页，广东人民出版社1975年12月版）

这是一幅多么可怕的图景啊！君主专制制度发展到清代，已是高度完备、登峰造极，而西太后掌握清廷最高权力长达四十七年之久，其统治更是专断暴虐而达于极点。以至于在平定太平天国和捻军过程中崛起的湘、淮两股汉人势力，均在她借助"清流"文官"以汉治汉"的权谋中,分别葬送于清法、清日两场战争。而权力中枢的满洲亲贵势力,这时又乘势膨胀起来。尽管她在行将就木之年不得已而接受了"预备立宪"的建议,但满汉之间的猜忌与隔阂却也愈演愈烈,不可收拾,清末的立宪运动一波三折,最终以失败告终,不能说和她没有关系。

二、中国宪政之时机已到

说起来,梁启超的《中国积弱溯源论》并没有提出"宪政"的主张,但他的论述为"宪政"的提出铺平了道路。很快他便发表了《立宪法议》一文,与前文同载于《清议报》。这时,占据北京的列强正在商讨如何从这次军事行动中获取最大的利益。英国人赫德借助他的中国海关总税务司之职,奉劝各国代表放弃瓜分中国以及扶持新王朝的主张,以维持中国现状;美国人则坚持门户开放,利益均沾的政策,支持"中国领土和行政权的完整";俄国人既乘机派兵占领了东北三省,自然希望清政府接受既成事实,所以,竭力讨好西太后,不希望将她定为"祸首"。而正是这一条,使得《辛丑条约》在经历了九个多月的讨价还价之后,最终被西太后接受。不过,西太后能够顺利还都北京,仍然做出了必要的让步和妥协,其中很重要的方面,就是承诺变法,实行新政。其实,在逃亡西安的路上,西太后已经有所表示,不仅下了诏罪己,而且在庚子年十二月初,下诏让在京及各省高级官员上书直言,陈述他们对行政、军事、教育、财政及其他方面的改革意见。辛丑年(1901)三月,又发上谕:"著设立督办政务处,派庆亲王奕劻,大学士李鸿章、荣禄、崑冈、王文韶,户部尚书鹿传霖为督办政务大臣,刘坤一、张之洞亦著遥为参领。"(上海商务印书馆编译所编纂《大清新法令》第一卷,2页,商务印书馆 2010 年 11

月版）看样子真要有一番作为了。

这大约可以看做是梁启超写作《立宪法议》的背景。他在文章中指出："盖今日实中国宪政之时机已到矣。"文章发表时，署名爱国者草议，没有用任公或其他常用的笔名，文章前面还有简短的说明，解释写作此文的原由，是"有内地志士某君劝作巽言之论说"。当然也可能是假托，目的是要表明这篇文章是所谓"巽言"，即恭顺之言，即使"脑质顽劣之徒"看了也不会觉得太刺激，从而可以读至"终篇而或省悟焉"。（中国近代期刊汇刊第二辑《清议报》第五册，第八十一期，1页）读罢此文，确如其所言，是在心平气和地讲述中国实行君主立宪应该采取的具体步骤和做法。首先，他把世界上的国家，从国体上区分为君主国与民主国两种，从政体上则区分为君主专制、君主立宪、民主立宪三种。他直言以告："民主立宪政体，其施政之方略，变易太数，选举总统时，竞争太烈，于国家幸福，未尝不间有阻力。君主专制政体，朝廷之视民如草芥，而其防之如盗贼；民之畏朝廷如狱吏，而其嫉之如仇雠。故其民极苦，而其君与大臣亦极危。"所以他说："君主立宪者，政体之最良者也。地球各国既行之而有效，而按之中国历古之风俗，与今日之时势，又采之而无弊者也。"（梁启超著《饮冰室合集·文集》之五，1页）

晚清以来，最先注意到西方国家政治制度具有优越性的先驱者，以魏源、徐继畬、梁廷枏等为代表，其后，王韬、郑观应等也曾积极介绍西方的宪政思想和制度。以王韬为例，他对英国的"君民共治"，也就是君主立宪制度，评价相当之高，指出："英国政治之美，实为泰西诸国所闻风向慕。"其特点为"上下相通，民隐得以上达，君惠亦得以下逮"。他因此联想到中国传说中"三代"的故事，以为"犹有中国三代以上之遗意焉"。（王韬著，李天纲编校《弢园文新编》，24—25页，中西书局2012年6月版）此后，康有为、梁启超等也就宪政问题发表过意见。康有为的《上清帝第四书》便明确提出

"设议院以通下情"的主张，他进呈光绪皇帝的《日本变政记》《俄大彼得变政记》，都以改变政体、建立近代代议制为主题，尤其强调以日本明治维新为榜样；百日维新期间，主张开制度局、懋勤殿于宫中，就是要仿效西方的议会制度。梁启超的《古议院考》《论君政民政相嬗之理》《说群序》，以及《论湖南应办之事》等文章，也就议会、民权、自治等方面而触及宪政问题。这个时期人们对宪政的理解还是比较简单的，即把宪政等同于上下相通、君民共主，而且，"国之强弱，则于其通塞而已"，所以，"去塞求通"（梁启超著《饮冰室合集·文集》之一，100页）就成了当时进步知识阶层的普遍追求。另外，他们习惯于把现实政治问题放在传统语境中加以讨论，以儒家政治理想比附西方政治制度，这也多少透露出近代中国在接受宪政过程中的窘迫和尴尬。也就是说，近代中国对宪政的价值诉求和基本目标，始终没有脱离中国独特的现实语境。（参见王人博著《中国近代的宪政思想》，1—2、10—11页，法律出版社2003年版）

这是理解梁启超宪政思想的前提。但此时他对宪政的理解已经向前迈进了一大步，开始触及宪政最核心的问题，即如何将君主、政府及国民的权利分别以法律的形式落实下来？按照他此时的理解，简而言之，宪政即限政，限制权力之政体也，或如他所说，为"有限权之政体"。那么什么是有限权呢？也就是"君有君之权，权有限；官有官之权，权有限；民有民之权；权有限。故各国宪法，皆首言君主统治之大权，及皇位继承之典例，明君之权限也。次言政府及地方政治之职分，明官之权限也。次言议会职分及人民自由之事件，明民之权限也"。这正是君主立宪政体与君主专制政体的根本区别。在立宪政体下，人各有权，权各有限。宪法的功能，就在于明确其权限而约束其行为。因此他说："宪法者何物也？立万世不易之宪典，而一国之人，无论为君主、为官吏、为人民，皆共守之者也。"对于习惯了君权高于一切的中国人来说，这些话简直就是大逆不道，"只闻君能限臣民，岂闻臣民能限君"？近年来颇闻皇帝亦不自由云云，言外之意似乎是想证明，君权在君主专制体制下也是会受到限制的。但这种限制绝不同于宪法对君权的限制，而主要体现为"以天为限"和"以祖为限"。它的实际效果其实是很有限的，"以天为限，而天不言；以祖宗为限，而祖宗之法，不过因袭前代旧规，未尝采天下之公理，因国民之所欲，而勒为至善无弊之大典。是故，中国之君权，非无限也，欲有限而不知所以为限之道也"。

那么，如何才能有效地限制君权和政府的权力呢？他认为，必须明确国民的权限，赋予国民以监督政府的权力。"苟无民权，则虽有至良极美之宪法，亦不过一纸空文，毫无补济，其事至易明也"。事实上，中国历来都不缺少限制官吏权力的法律，也不缺少监督官吏的制度安排，但是，"掣肘则有万能，救弊则无一效。监者愈多而治体愈乱"。他针对这种官与官之间的自我监督指出："监督官吏之事，其势不得不责成于人民，盖由利害关切于己身，必不肯有所徇庇，耳目皆属于众论，更无所容其舞文也。是故欲君权之有限也，不可不用民权，欲官权之有限也，更不可不用民权。宪法与民权，二者不可相离。"这里所强调的，显然已经触及立宪政治最核心的价值，即国民有监督政府、监督官员的权力，而且，这种监督一定是公开化的，"耳目皆属于众论，更无所容其舞文"，这样才能确保国家不因君主的无道或权臣的跋扈而发生动乱，才能从根本上解决贪污腐败的问题，所谓"立宪政体者，永绝乱萌之政体也"。

梁启超的话或许有些夸张，很显然，他把君主立宪政体理想化了，但如果证之以英国实行君主立宪以来的情形，则不得不承认他说的也有一定道理。他甚至乐观地宣称："地球各国，必一切同归于立宪而后已，此理势所必至也。"而英国之后，各国实行立宪的途径有四种，第一种，以普奥、日本为代表，"君主顺时势而立宪法者，则其君安荣，其国宁息"；第二种，以法国和南美洲诸国为代表，"君主不肯立宪，民迫而自立，遂变为民主立宪"；第三种，以俄罗斯为代表，"民思立宪，君主不许，而民间又无力革命，乃日以谋刺君相为事"；第四种，以印度、安南诸国为代表，"君民皆不知立宪之美，举国昏蒙，百政废弛，遂为他族夷而灭之"。这四条道路，中国该走哪一条，又能走哪一条呢？他不看好法国和南美洲诸国，也不希望中国走到印度、安南诸国，以及土耳其的路上去，而是赞赏日本，"得风气之先，趋善若渴，元气一立，遂以称强"。而中国当时的情形，"日本之役一棒之，胶旅之警一喝之，团匪之祸一拶之，识者已知国家元气为须臾不可缓"。于是他说："盖今日实中国立宪之时机已到矣，当局者虽欲阻之，乌从而阻之。顷当局者既知兴学育才之为务矣，学校中多一少年，即国民中多一立宪党。何也？彼其人苟有爱国心而略知西人富强所由来者，未有不以此事为第一义也。故中国究竟必与地球文明国同归于立宪，无可疑也。"

立宪固然是中国的当务之急，但梁启超提醒大家，马上实行立宪还不行，"立宪政体者，必民智稍开而后能行之"。他以日本明治维新为例，认为"中国最速亦须十年或十五年"的准备期，甚至可能更长。于是，他向清政府提出了六条建议，其一，恳请皇上昭告天下臣民，"定中国为君主立宪之帝国，万世不替"；其二，"派重臣三人游历欧洲各国及美国、日本，考其宪法之同异得失，何者宜于中国，何者当增，何者当弃"；其三，考察结束后，成立立法局，草定宪法；其四，翻译出版各国宪法原文以及解释宪法的著作，"使国民咸知其来由，亦得增长学识"；其五，公布宪法草案，在全国士民中展开讨论，"定本既颁，则以后非经全国人民投票，不得擅行更改宪法"；其六，他预测这个预备期大约需要二十年。无论这个时间表是长是短，但他提醒大家，事情一定要从今日做起，"而不容稍缓者也"。他总结戊戌变法、百日维新所以失败的教训，看到一个十分重要的问题，即忽略了从制定宪法入手。所以，既要实行宪政，就要制定一部好的宪法，他说："宪法者，万世不易者也。一切法度之根源也。故当其初立之也，不可不精详审慎，而务止于至善"。他以日本为例："日本之实行宪法也，在明治二十三年，其颁布宪法也，在明治十三年，而其草创宪法也，在明治五年。当其草创之始，特派大臣五人，游历欧洲，考察各国宪法之同异，斟酌其得失，既归而后开局以制作之。"他希望清政府也能像日本一样，将立宪确定为基本国策，并有条不紊、持之以恒地做下去，终有一天，中国也将以君主立宪国的新面目出现在东方。（梁启超著《饮冰室合集·文集》之五，1—7页）

事实上，五年之后，梁启超的这套方案才最终被清政府采纳。其中一个重要的契机，即日俄战争以日本战胜俄国而告终。这一次，比甲午中日战争中国战败给予中国人的刺激还要强烈，以前不相信日本因变法而打败中国的人，现在也接受了君主立宪战胜君主专制的事实，"日俄之胜负，立宪专制之胜负也"。（张謇语，转引自李剑农著《中国近百年政治史》，208页）这时，不仅国内新老士人大部分接受了梁启超关于君主立宪的主张，官僚、疆吏、中枢诸亲贵也都表示出对君主立宪的好感，相率上书建议实行立宪。光绪三十一年（1905），清政府终于决定简派端方等五大臣出洋考察宪政，表示要预备立宪。这当然是梁启超所期待的，但革命者恰于此时，用炸弹表示了对于清廷立宪的不信任。

第四章

当立宪遭遇革命

一、革命还是立宪，两难困于内心

五大臣出洋考察宪政，遭遇炸弹袭击，烈士吴樾死难，是个象征性事件。当时的社会舆论，对清政府立宪抱有期待的人，多为考察受阻而表惋惜；而立志推翻清政府的革命党，则恨其未成。事实上，清末最后十年，就是革命与立宪纠缠对抗、冲突激荡、此消彼长、相生相克的十年。这种情形在梁启超身上表现得尤为突出。他固然是君主立宪最早、最有力的鼓吹者，同时，对于革命，他也往往不能释怀，尽管他对于革命有自己的理解，与革命党并不完全一致。而且，他的思想的超前性，还在于敏锐地意识到革命为时势使然，清政府的集权统治正在把自己变成制造革命党的工场这个事实。光绪三十年（1904）之前，他一直困扰于这种激烈的内心矛盾冲突之中。光绪二十八年（1902），他创作了晚清第一部政治寓言体小说《新中国未来记》，发表于《新小说》第一期。关于这部小说，他特别强调："专欲发表区区政见，以就正于爱国达识之君子。"（梁启超著《饮冰室合集·专集》之八十九，1页）他甚至坦言，创办《新小说》的初衷，就是要发表这篇小说。由此可见，这篇小说在其心目中的位置是多么的不一般。

长久以来，我们仅仅把这部小说当做小说看，其实是很不够的，是对它的轻视。当时便有人指出，这部所谓小说，纯是为了阐发梁启超的宪政理想和政治见解，穿插几个人物于其间，其中最精彩的部分，便是黄克强与李去病关于革命与立宪的长篇辩论，整个第三回：求新学三大洲环游，论时局两名士舌战，凡一万六千余字，只写这一件事，翻来覆去地辩驳论证，你来我往达四十四次，在小说写作中也算是"至是而极"了，而梁启超长期以来纠缠于心中的立宪还是革命的"两难选择"，在这里也得到了充分展现。很显然，黄克强、李去病这两个人物正是梁启超内心两种声音的外化。由于此时梁启超与革命党关于革命与立宪的论战尚未发生，黄、李论辩倒不妨被看做是现实中两派论战的一种预演。

他们论辩的内容几乎涉及后来革命党与梁启超论战中争辩的所有重要问题。首先是对革命的看法，李去病是主张革命的，其理由如下：第一，清政府已经不可救药，维持这个政府，其结果最终怕是连奴隶的地位都坐不稳；第二，中国有革命的传统，改朝换代，有德者王，贯穿于数千年中国历史，和日本万世一系的天皇观完全不同；第三，革命是世界各国文明进步的必由之路，特别是十九世纪以来，欧洲的现代民主政治风潮已经吹到中国，新形势下的革命，不可能还是以暴易暴、以专制代替专制的传统意义上的革命，而只能是"以仁易暴"的现代民主政治革命；第四，革命就免不了要流血，法国革命的确死了很多人，流了很多血，伤了国家的元气，但如果不是法国路易十六朝廷的专制和腐败，使国家的"元气凋敝到尽头"，怎会"酿出这回惊天动地的惨剧来"；如果"当时法国人民忍气吞声，一切都任那民贼爱怎么摆布便怎么摆布，只怕现在地理图里头，早已连法兰西这个名字都没有了"。（同上，22 页）

黄克强代表立宪派发言，他很清楚自己肩荷的责任，而且是要尽自己的力量去做的。但是，他对李去病选择以革命的方式实行责任却不以为然，认为他过于孩子气，拿国家大事当儿戏，感性大于理性，也忽略了中国固有传统对人们的影响。《尚书》是中国最古老的典籍之一，其中便有"天革厥命"的说法，意思就是，天子受命于天，即所谓奉天承运，但天子无道，天即革其命而改命他人。汤武以降，革命不下数十次，哪一次不是天下大乱，生灵涂炭？那些个革命者都打着"替天行道"的旗子，但眼睛全盯着帝王权位。其结果无非是"再生出几个秦始皇、汉高祖、明太祖"而已。至于李去病所推崇的法国大革命，他说："那罗拔士比、丹顿（罗伯斯庇尔、丹东）一流人，当初岂不是都打著这自由、平等、亲爱（博爱）三面大旗号吗？怎么后来弄到互相残杀、尸横遍野、血流成渠，把全个法国都变做恐怖时代呢"？（同上，20—21 页）

黄克强对"革命"的敏感和担忧，其实也就是梁启超对"革命"的敏感和担忧。尽管他在 1897 至 1903 年间的许多言论都曾经有力地推动了当时反清革命的兴起，许多年后，康有为还在抱怨他那些鼓吹"破坏、革命、排满"的言论，"随意所之而妄尽言之"，搞乱了人心呢。（上海市文物保管委员会编《康有为与保皇会》，363 页，上海人民出版社 1982 年 9 月版）但是也要看到，梁启超对革命可能带来的危害，始终不敢掉以轻心。至少到 1902 年年底，他已经意识到，自己近年来在一些文章中所宣扬的革命破坏主义，其效果很可能适得其反。这时，他作了《释革》一文，对"革命"一词在使用过程中所发生的被曲解和误读的情形做了深入探讨和分析，廓清了"革命"的内涵和外延，明确了使用"革命"一词时的必要限制。

他首先说明，革命"含有英语之 Reform 与 Revolution 之二义"。前者以英国 1832 年议会改革为例，日本人翻译为"改革"或"革新"；后者则以法国 1789 年推翻路易十六的专制统治为例，日本人翻译为"革命"。但他马上指出："'革命'二字非确译也。"因为，在中国，革命主要针对王朝易姓而言，"是不足以当 Revolution 之意也"。而 Revolution 的本意，应该是指"人群中一切有形无形之事物"的"变革"。他甚至进一步区分 Reform 与 Revolution 的含义，前者针对尚未完善或发展尚不充分的事物，使之完善或促其充分发展之；后者则针对有害于群体的事物，要绝其患，非改弦更张不可。于是他说：

"其前者吾欲字之曰改革，其后者吾欲字之曰变革。"他认为，数年前他们搞的变法维新运动，可以称之为"改革"，近年来"外患日益剧，内腐日益甚，民智程度亦渐增进，浸润于达哲之理想，逼迫于世界之大势，于是咸知非变革不足以救中国。其所谓变革云者，即英语Revolution之义也"。（梁启超著《饮冰室合集·文集》之九，40—41页）

梁启超希望用"变革"代替"革命"，他所担心的是，革命使得"天下士君子拘墟于字面"，专与"现在王朝一人一姓为敌"，从而忽略了更为重要的"必一变其群治之情状，而使幡然有以异于昔日"的任务。他说："故妄以革命译此义，而使天下读者认仁为暴、认群为独、认公为私，则其言非徒误中国，而污辱此名词亦甚矣。"实际上，"易姓者固不足为Revolution，而Revolution又不必易姓"。他还说，革命是当不起Revolution这个"文明、崇贵、高尚之美名"的。他甚至发现，"泰西数千年来，各国王统变易者以百数，而史家未尝一予之以Revolution之名"。而得此名者只有三次，即1688年的英国"光荣革命"、1775年的美国独立战争，以及1789年的法国大革命。由此看来，即使将Revolution翻译为"革命"，这个"革命"也已被赋予了新的含义，并负载起新的历史使命。它所要实现的目标，就不只是改朝换代那么简单，而是从君主政体转向现代民主政体。当然可以保留皇帝，但这个皇帝要受到宪法的约束，是名义上的国家象征。在他看来，日本明治维新以来所取得的成就，实为Revolution所赐，"日人今语及庆应明治之交，无不指为革命时代，语及尊王讨幕，废藩置县诸举动，无不指为革命事业，语及藤田东湖、吉田松荫、西乡、南洲诸先辈，无不指为革命人物"，这里所谓革命，与中国传统所谓革命已经不同，而包含着日本文化对革命的理解，这种理解可能更接近于Revolution的本意。他从日本经验中得到了启示："国民如欲自存，必自力倡大变革，实行大变革始；君主官吏而欲附于国民以自存，必自勿畏大变革，且赞成大变革始。"（同

上，40—43页）

　　这里所谓变革，也可以说就是革命，由于日本人的"误译"，又由于不能把法国大革命排除在 Revolution 之外——尽管它有以暴易暴的嫌疑，"革命"一词已经深入人心，相沿成习，顺而呼之，难以避免，即使梁启超本人在文章中也常常要用到"革命"一词。为了和以暴易暴的革命划清界限，他在后来不得不尝试着将"革命"区分为最广义、次广义和狭义三种："革命之义有广狭，其最广义，则社会上一切无形有形之事物所生之大变动皆是也。其次广义，则政治上之异动与前此划然成一新时代者，无论以平和得之以铁血得之皆是也。其狭义，则专以兵力向于中央政府者是也。吾中国数千年来，惟有狭义的革命，今之持极端革命论者，惟心醉狭义的革命。"（梁启超著《饮冰室合集·文集》之十五，31页）在其他地方，他还把广义革命称之为"政治革命"，把狭义革命称为"种族革命"。他说："政治革命者，革专制而成立宪之谓也。无论为君主立宪，为共和立宪，皆谓之政治革命。苟不能得立宪，无论其朝廷及政府之基础，生若何变动，而或因仍君主专制，或变为共和专制，皆不得谓之政治革命。"他又说："种族革命者，民间以武力而颠覆异族的中央政府之谓也。"（梁启超《申论种族革命与政治革命之得失》，《饮冰室合集·文集》之十九，4页）而他最担心的，正是被民族情感驱使的种族革命有可能压倒并取代以平和的自由、秩序的平等为其特征的政治革命，如果真是这样，宪政则无望矣。

　　李去病也不赞成"狭义的革命"，他为自己辩护说："他们是以暴易暴，我说的是以仁易暴。"（梁启超著《饮冰室合集·专集》之八十九，22页）但他不认为因此可以放过清政府，他质问："天下那里有四万万的主人，被五百万的客族管治的道理吗？"而且，作为统治者，他们并没有尽到政治上的责任，国家被他们搞得一团糟，几乎到了亡国灭种、命悬一线的紧要关头，"难道眼巴巴看着一群糊涂混账东西把他送掉"，国民就不能取而代之吗？（同上，24页）中国的革命虽以欧美和日本为圭臬，却也有不同于欧美和日本的地方，至少表现在三个方面：首先是满汉之争，政治问题和民族问题纠缠在一起了，剪不断，理还乱；其次是中国"社会"始终不甚发达，如果说，法国革命是要解决"国家"与"社会"的政治危机，那么，这种危机在中国则基本上不存在，中国的内部冲突，除了满汉民族冲突，还表现为江湖与朝廷的冲突、革新与守旧的冲突等；其三，中国还有另一层面的民族矛盾，即西方列强与近邻日本对中国权益和领土的侵占，中国一直面临着被瓜分的危险，这是中国革命必须考虑的一个因素。

黄克强首先表明自己的态度，他说："我总是爱那平和的自由，爱那秩序的平等，你这些激烈的议论，我听来总是替一国人担惊受怕，不能一味赞成。"他不赞成的还有李去病对清廷的看法："讲到现在朝廷，虽然三百年前和我们不同国，到了今日，也差不多变成了双生的桃儿，分擘不开了。至于他那待汉人的方法，比之胡元时代，总算公允了许多，就是比诸从前奥大利人待匈加利，西班牙人待菲列宾，也没有他束缚得紧，所有国中权利义务，汉人满人亦差不多平等了。至于说到专制政治，这是中国数千年来的积痼，却不能把这些怨毒尽归在一姓一人。"（同上，23页）黄克强部分地说出了清末满汉之间共生共存的实际情况，满人的铁杆庄稼尽管还在，却早已捉襟见肘，今非昔比；士农工商就不必说了，从军是满人昔日的特权，并引为自豪的，这时也已名存实亡，八旗早就不能打仗，绿营亦腐化得溃不成军，朝廷迫不得已训练"新军"，大量召募汉人兵勇，事实上，从湘军开始，包括后来的淮军、北洋，都是汉人领导的军队，清廷的军队构成已经发生了重大改变，特别是在太平天国之后，汉人势力在朝廷中的地位得到加强，曾、李、左、张等都成为朝廷所依赖的举足轻重的人物。这些都是咸、同之后满汉关系所发生的重大变化。

二、民族主义不等于排满

　　然而，黄克强的这一番话不仅不能说服李去病，甚至连他自己也未必能够完全说服。他只得采用偷梁换柱的办法，把问题引到多数人政治和少数人政治方面去，却不正面回答李去病的问题。但满汉之间的矛盾却是客观存在，而且深深影响着晚清的政治进程。主编《东方杂志》的杜亚泉于民国二年（1913）作《十年以来中国政治通览》一书，他在分析清末革命之原因时，专有一节写到了"满人之专政"，详尽回顾了满人入关以来近三百年所实行的反社会进化政策，不仅不能"用夏以变夷"，甚而至于"改易冠服，严令辫发，蔑视中国之礼教，违反一世之人心。且悬通婚之禁，以自殊别其族类，防止其同化。又特定官缺，设立驻防，政治上及军事上，满人得享有特别之权利，处监视汉人之地位。制度上之歧视汉人，为不平等之待遇，实足使汉人同增其愤慨"。这些大约都是讲道光以前的情形，至于"甲午之败、戊戌之变、庚子之祸，虽非十年以内之事，实为此次革命（辛亥）之近因。盖西太后之奢侈暴戾，召列强之侮，丛万民之怨，实与革命党以最大之助力也。"但如果因此便将满汉矛盾看做是清末革命的主要理由，似乎也有不妥之处，这是因为，清政府除了特有之族群身份，以少数满洲权贵把持朝政外；它还具有一般统治者的政治身份，即都是数千年专制王权的代表。他因此下一断语，指出："十年（1903—1913）以来，革命思想之所以传播甚广而成功甚速者，推其原因，以迫于时势之要求为主。而其助因有二：一为远因，一为近因。远因者，满人之专政是也。近因者，西太后之失政是也。"（杜亚泉等著《辛亥前十年中国政治通览》，4—6页，中华书局2012年3月版）杜亚泉关于主因、助因、远因、近因的判断是有道理的。他把时势归结为主因，而这里所谓时势，显然是指十九世纪以来欧风东渐给中国人带来的压力，并促成了多方面的变化。变化之一，便是中国人民族竞争意识的觉醒。这不仅意味着中国人关于中国为"中央之国"，四周皆为蛮夷，天朝抚有四海，威德远被的自我想象已经崩溃，西方诸国已把中国强行拉入"世界之进化"的竞争大潮之中；而且，民族主义也乘机在中国年青一代士大夫的思想中占有了一席之地，他们看到积贫积弱的中国被西方列强，甚至被昔日的学生、小小的日本欺辱，便生发出特别的担忧。恰如梁启超所说："即使以数百年前满洲强悍之人种，生于今日，犹不能安然独立于竞智诸强国间也。况如今之满人者，强悍之气已失，蒙昧之性未改，而欲免胁削渐灭之祸，其可得乎"？（梁启超著《饮冰室合集·文集》之一，78页）

对中国人来说，民族主义是柄双刃剑。在世界范围内，民族主义首先使中国人学会了正视这个由许多不同民族和种族所组成的世界，认清中国只是其中的一部分。这里既包含了对新的世界秩序的承认，也有对新的民族国家的想象。这时，国家不应再是属于一人一姓的国家，而是全体国民共有之国家。在中国范围内，民族主义要处理的则主要是满汉关系。在此之前，人们习惯在"夷夏"这个框架内思考并解决满汉关系问题，事实上，自春秋以来，中国已有根据文化区别夷夏的传统，诸侯用夷礼则夷之，夷而进于中国则中国之。但随着民族主义被国人接受，除了以此作为应对西方国家挑战的武器，满汉关系也被革命党人纳入民族主义意识形态来处理。尤其是"与二百余年之积愤相联合"，更进一步激化了满汉之间的矛盾冲突。汉人搬出了"非我族类，其心必异"，满人也为防范汉人而煞费苦心。戊戌年变法，就有满洲大臣蛊惑满人阻挠之，他们的理由就是，变法有利于汉人而有害于满人。梁启超是主张"平满汉之界"的，他称之为"支那自强之第一阶梯"，其实是从世界看中国，希望革命党和清政府都能正视中国被列强环伺这个事实，整合各民族的力量一致对外。他针对清政府的"严满汉之界"提出了四项措施：一曰散籍贯，二曰通婚姻，三曰并官缺，四曰广生计，（同上，81—82页）应该说这些都是切实可行的办法。但"其时清政府既不为根本上之解除，转以调和满汉之名义，益益增进满人之势力"。其结果，大大伤了汉人的心，给革命党创造了机会，从此，"人心瓦解，而革命思想乃普及于全国矣"。（杜亚泉等著《辛亥前十年中国政治通览》，6—7页）

梁启超于清政府并无维护之义务。早在戊戌变法之前，他已存颠覆清政府之志。湖南保守派叶德辉、曾廉辈就曾上书光绪，请斩康、梁；康、梁在京开保国会，也被人指控为"保中国不保大清"，均可为证。戊戌政变后，康、梁流亡海外，组织保皇党，而梁启超时有反满、排满言论，他在文章中说到保皇，也只是称赞光绪皇帝的圣德而已。至于清政府，他很清楚其所作所为，早已丧失了作为统治者的合理性与合法性，也即黑格尔所说的现实性；它无时无刻不在制造自己的掘墓人，即革命党。尽管如此，他仍劝人不要排满，并借陈天华在其《绝命书》中所言，表明其反对以复仇为根本诉求的种族革命之立场，他指出，既以救中国为目的，则政治革命为唯一手段，种族革命只能将中国拖入暴乱的深渊，不仅"流无数国民之血"，而且有被列强瓜分的危险。（参见《民报》第二号，《陈星台先生绝命书》，中国近代期刊汇刊第二辑《民报》合订本一，255—261页，中华书局2006年9月版；梁启超《申论种族革命与政治革命之得失》，《饮冰室合集·文集》之十九，1—45页）**上述两条，是他反对种族革命的主要理由。**

在这里，中国的民族主义实际上已经"分化为两股思潮：一派以梁（启超）为代表，将中国民族主义主要看成是迎接外来帝国主义挑战的一个结果；另一派以孙中山和他的革命派为代表，主要将反满作为中国民族主义的方向"。这是张灏的看法，他说：如果"从历史观点来看，梁（启超）无疑代表了中国民族主义的主流，这不仅因为中国民族主义产生和发展的动力来自外来帝国主义这一显然的事实，而且，也是基于这样的理由——只有以反帝为目标才能为中国民族主义经受住克利福德·格尔茨所称的'整合革命'提供适应能力，'整合革命'在发展中国家通常与民族主义的出现同时发生"。（张灏著，崔志海、葛夫平译《梁启超与中国思想的过渡》，118—119页，江苏人民出版社1993年8月版）不过，在中国，当务之急却并非"整合革命"或"以反帝为目标"，梁启超所考虑的，仍是民族主义或种族革命可能助长民族分离的趋势，使国家陷于分裂，且不利于政治革命——君主立宪的实现。至于说"整合革命"，他自然希望整合于政治革命，他奉劝革命党："今者诸君之手段，万不能实行，即实行而不为国之福，反为国之祸，既若是矣，而犹恋而不舍焉，是终耗其力于无用之地也。不惟不舍之己，于人之执他手段而欲救国者，反从而排之。两相排而其力两相消，卒并归于无有而已。所耗者所消者非他，一国终有热血有智识之人之实力也。一国中有热血有智识者，能得几人，其人之实力，即一国之元气，而国所赖以不亡者也。今徒以此而消焉耗焉，夫安得不为国家前途恸哭也。"（梁启超《申论种族革命与政治革命之得失》，《饮冰室合集·文集》之十九，43—44页）

三、共和革命不适合中国国情

应当承认，无论革命党还是立宪派，他们的目的都是为了救国，都要实行宪政，这一点应该是没有异议的，所争者仅为通过什么途径、运用何种手段以达到救国之目的，所行之宪政，是君主立宪还是民主立宪。立宪派希望通过政治革命，实现君主立宪，以为这才是救中国的良药；革命党则认为，只有通过种族革命，推翻清政府，实现民主共和，才能救中国于水火。既然革命党的一切诉求都以颠覆清政府为前提，那么，采取暴力手段，"革彼秽残恶旧政府之命，而求乎最美最宜之政体"，也就是合乎逻辑的。其理由叙述如下："其一由于历史。中国未有于一朝之内，自能扫其积弊者也，必有代之者起，于以除旧布新，然后积秽尽去，民困克苏。不革命而能行改革，乌头可白，马角可生，此事断无有也。第二由于种族。今之政府，非汉族之政府，而异族之政府也。利害既相反，则其所操之方针，不得不互异。吾方日日望其融和，彼乃日日深其猜忌，外示以亲善，而牢笼欺诈，毒计愈深，党狱之起，未央之诛，指顾间之事。诸君不信，请读康雍乾三朝之史，观光绪戊戌庚子之事，可以知往而则来矣。传曰：非我族类，其心必异。又曰：戎狄豺狼不可亲也。诸君欲认贼为父，窃恐徒足以取辱，而无秋毫之补也。日本之奏维新之功也，由于尊王倾幕，而吾之王室既亡于二百余年之前，现之政府则正德川氏之类也。幕不倾则日本不能有今日，满不去则中国不能以复兴。此吾侪之所以不欲如日本之君主立宪，而必主张民主立宪者。"（思黄《论中国宜改创民主政体》，《民报》第一号，41—49页，中国近代期刊汇刊第二辑《民报》第一册，51—59页）

思黄是陈天华在《民报》发表文章时用过的名字。他原名显宿，字星台，号思黄，又号过庭，湖南新化县下乐村人。少时家贫，素有文才，1903年赴日留学，1905年12月8日，在东京大森海湾愤然蹈海自杀，并留下《绝命辞》，以死示志。他是《民报》创刊之初最重要的作者之一，第一号就刊登他五篇文章，占了近乎一半的篇幅。《民报》的创刊，按照孙中山在《发刊词》中的说法，是尽其"先知先觉之天职"，将"非常革新之学说，其理想灌输于人心而化为常识"。他这里所说的理想与革新之学说，即"三大主义：曰民族，曰民权，曰民生"，而以中国目前之情形，"民族主义、民权主义殆不可以须臾缓"。（《民报》第一号，发刊词，1—3页，中国近代期刊汇刊第二辑《民报》第一册，7—9页）《民报》第三号专门发行《号外》，宣布"与《新民丛报》辩驳之纲领"，拉开了革命党与立宪派论战的序幕，主战场即梁启超主持的《新民丛报》和汪精卫、胡汉民、章太炎等主持的《民报》。其纲领将论辩问题归纳为十二个方面，核心还是种族革命与政治革命之得失。民主立宪，又称共和立宪，是革命党对未来中国的制度安排。但在中国，必须经过驱逐异族的种族革命，才能实现从君主政体向现代民主政治的转化，并最终建立民主共和制的国家。

然而，梁启超并不认为革命党以种族革命之手段可以实现其民主立宪或共和立宪的政治目标。在他看来，通向这个目标的唯一道路，只能是政治革命。而他所谓政治革命者，"革专制而成立宪之谓也"。也就是说，政治革命的诉求是宪政，无论为君主立宪，还是为民主立宪或共和立宪，都属于政治革命。它所区别于种族革命之处，就在这里，而并非手段的不同。他所以反对种族革命就在于他认为，"民间以武力而颠覆异族的中央政府"，根本不可能实现民主立宪或共和立宪。他引述陈天华的话说："同时并起，势均力敌，莫肯相下，非群雄尽灭，一雄独存，而生民之祸终不得息。以数私人之竞争，而流无数国民之血，若是则亡中国者，革命之人也。"这也是梁启超想象中的革命的情景。因此，他不认为种族革命与民主立宪或共和立宪有"正当之因果关系"。他提出衡量民主立宪或共和立宪的两大指标：第一，"其根本精神，不可不采卢梭之国民总意说，盖一切立法行政，苟非原本于国民总意，不足为纯粹的共和也"；第二，"其统治形式，不可不采孟德斯鸠之三权分立论，盖非三权分立，遂不免于一机关之专制也"。二者缺一不可，"遂成一共和立宪之概念"。然而，问题在于，这两大指标能不能实现，尤其"能行于种族革命后之中国与否"，梁启超的答案是否定的。（梁启超《申论种族革命与政治革命之得失》，《饮冰室合集·文集》之十九，4—5页）

先来讨论第一个问题：卢梭之国民总意说。在其他地方，总意通常又译为公意。梁启超在《卢梭学案》中对卢梭的总意或公意是这样认识的：

> 人人既相约为群以建设所谓政府者，则其最上之主权当何属乎？卢梭以为民约未立以前，人人皆自有主权，而此权与自由权合为一体，及约之既成，则主权不在于一人之手，而在此众人之意，而所谓公意者是也。
>
> 卢梭以为凡邦国皆藉众人之自由权而建设者也。故其权惟当属之众人，而不能属之一人若数人。质而言之，则主权者，邦国之所有，邦国者，众人之所有。主权之形所发于外者，则众人共同制定之法律是也。
>
> 卢梭又以为所谓公意者，非徒指多数人之所欲而已，必全国人之所欲而后可。故其言曰，凡议事之时，相约以三占从二决可否，固属不得不然之事。然为此约之前，必须得全员之许诺而后可。是每决一事，皆不啻全员之同意也，不宁惟是，所谓公意者，非徒指现时国人之所欲而已，又并后人之所欲而言之。（梁启超著《饮冰室合集·文集》之六，104页）

梁启超早期对卢梭的认识比较多地体现在这篇文章里。1900年4月，他在写给康有为的一封信中就谈到对卢梭的看法："故路梭诸贤之论，施之于法国，诚为取乱之具，而施之于中国，适为兴治之机；如参桂之药，投诸热病者，则增其剧，而投诸体虚者，则正起其衰也。而先生日虑及此，弟子窃以为过矣。"他不同意把法国大革命所引发的"惨祸"归罪于卢梭，"虽国学派不满于路梭者，亦未尝以此祸蔽累于路梭也。执此之说，是以李斯而罪荀卿，以吴起而罪曾子也"。这时，他对法国大革命和卢梭都充满了敬意："弟子谓法人自受苦难，以易全欧国民之安荣，法人诚可怜亦可敬也。泰西史学家无不以法国革命为新旧两世界之关键，而纯甫难是说，然则此十九世纪之母何在也？（弟子以为法国革命即其母，路得政教其祖母也。）"（丁文江、赵丰田编《梁启超年谱长编》，235—236页）1901年，他作《卢梭学案》一文，仍由衷赞美卢梭"以只手为政治学界开一新天地，何其伟也"。（梁启超著《饮冰室合集·文集》之六，97页）对于卢梭所讲的公意，他也欣然称道："极活泼自由，自发起之，自改正之，自变革之，日征月迈，有进无已。"（同上，104页）

卢梭的本意，固然要从制度层面在自由自主的个人与社会、国家之间建立一种不同于君主专制的新型平等关系，从而使得国家不再是少数人的特权，而是所有人统一意志的主权共同体。有人便这样想象卢梭该如何处理个人自由与公意之间颇有些微妙的关系："所谓个人自由是自我充分的自主'自足'，公意是人民共同规定的国家人格、公共人格，它只能以个人自由为前提，它是通过每个个人意志的无私的透明的相互交流才能实现的。于是，每个个人服从社会整体，也就是服从他自己。"（弗朗索瓦·傅勒著，孟明译《思考法国大革命》，黄万盛序，22页，生活·读书·新知三联书店2005年1月版）这种对卢梭的解读本身就带有浓厚的理想主义色彩，很显然，早期的梁启超也是从改造国民的奴隶性、争取个人权利和自由、兴民权、反专制的角度理解卢梭思想的。1902年，他开始写作《新民说》，其中《论自由》等篇章，仍持这种态度。不过，到了1905年，他作《开明专制论》时，其思想已经有了重大变化，这也是他所谓不惜以今日之我难昨日之我吧。

导致梁启超思想发生变化的原因很复杂，其中最主要的，是

1903 年他的美国之行，在此期间，他对"美国政治上、历史上、社会上种种事实"做了将近十个月的近距离考察，从而改变了他对革命与共和的看法。美国是典型的民主共和制国家，他在行前对此行还是相当期待的，终于有机会"适彼世界共和政体之祖国"（梁启超著《饮冰室合集·专集》之二十二，《新大陆游记节录》凡例，1 页）这是他多年以来所怀抱的美好愿望，但是，"从美洲归来后，言论大变，从前所深信的'破坏主义'和'革命排满'的主张，至是完全放弃"。（丁文江、赵丰田编《梁启超年谱长编》，334 页）那么，他在美国究竟看到了什么、想到了什么，才有了这样的转变呢？读者可以参阅他在访美归来后所发表的《新大陆游记》，其中所记甚详。这里只把黄遵宪读了他的新作而发的感想抄给诸位：

公之归自美利坚而作俄罗斯之梦也，何其与仆相似也。当明治十三四年初见卢骚、孟德斯鸠之书，辄心醉其说，谓太平世必在民主国无疑也。既留美三载，乃知共和政体万不可施于今日之吾国。自是以往，守渐进主义，以立宪为归宿，至于今未改。仆自愧无公之才之识之文笔耳，如有之，以当时政见宣布于人间，亦必如公今日之悔矣。仆前者于立宪之说且缄而不敢妄言，然于他人之提倡革命，主持类族，闻之而不以为妄，谓必有此数说者，各持戈矛，互相簧鼓，而宪政乃得成立。（仆所最不谓然者，于学堂中唱革命耳。此造就人才之地，非鼓舞民气之所。自上海某社主张其说，徒使反动之力，破坏一切，至于新学之输入，童稚之上进，亦大受其阻力，其影响及于各学堂各书坊，有何益矣。若章、邹诸君之舍命而口革有类儿戏，又泰西诸国之所未闻也）公之所唱，未为不善，然往往逞口舌之锋，造极端之论，使一时风靡而不可收拾，此则公聪明太高、才名太盛之误也。东西诸国，距离太远，所造因不同，而分枝滋蔓，递相沿袭者，益因而歧异，乃欲以依样葫芦，收其效果，此必不可能之事。如见日本浪士之侠，遂欲以待井伊者，警告执政；见泰西景教之盛，亦欲奉孔子而尊为教主，此亦南海往日之误也。（同上，340页）

　　黄遵宪毕竟是在英、美、日都有过生活经历的学者，看问题往往能考虑到中西文化的差异，而选择较为切实的方式和态度。这种实事求是的思想作风渐渐影响到梁启超，使得他在思考中国的未来，并为之进行制度安排、设计方案时，也能考虑到中国自身条件的限制。所以，当他明确表示"中国今日固号称专制君主国也，于此而欲易以共和立宪制，则必先以革命，然革命决非能得共和而反以得专制"时，恐怕就想到了他的同胞，"数百年卵翼于专制政体之人民，既乏自治之习惯，又不识团体之公益，惟知持各人主义以各营其私。其在此等之国，破此权衡也最易，既破之后，而欲人民以自力调和平复之，必不可得之数也。其究极也，社会险象，层见叠出，民无宁岁，终不得不举其政治上之自由，更委诸一人之手，而自帖耳复为其奴隶。此则民主专制政体之所由生也。"（梁启超《开明专制论》，《饮冰室合集·文集》之十七，50页）

　　他引述德国柏林大学法学教授波仑哈克（Conrag Bornhak，1861—1944）的理论，生动描绘了民主专制的演化过程，并道出了它的持久危害。他说：

　　民主专制政体之所由起，必其始焉，有一非常之豪杰，先假军队之力，以揽收一国实权。然此际之新主治者，必非以此单纯之实力而能为功也。而自顾己所有之权利，以比诸他国神圣不可侵犯之君主，而觉其浅薄无根柢也。于是不得不求法律上之名义，即国民普遍投票之选举是也。彼篡夺者，既已于实际掌握国权，必尽全力以求得选，而当此全社会渴望救济之顷，万众之视线，咸集于彼之一身，故常以可惊之大多数，欢迎此篡夺者，而芸芸亿众，不惜举其所血泪易得之自由，一旦而委诸其手，又事所必至，理所固然也。何也，彼时之国民，固已厌自由如腐鼠，畏自由如蛇蝎也。

此篡夺者之名，无论为大统领为帝王，而其实必出于专制。彼时之民，亦或强自虚饰，谓我并非以本身之权利，尽让于此一人。而所定宪法，亦常置所谓国民代议院，谓以此相限制也。而实则此等议院，其权能远在立宪君主国议院之下。何也？君主国议院，代表民意者也。君而拂议院，是拂民也。此等议院则与彼新主权者，同受权于民，而一则受之于各小部分，一则受之于最大多数。故彼新主权者，常得行长官之强权，不宁惟是，议院所恃以与彼对抗者，宪法明文之保障耳。而彼自以为国民骄子之资格，可以随时提出宪法改正案，不经议会而直求协赞于国民。权利直伸缩，悉听其自由。故民主专制政体之议院，伴食之议院也；其议院之自由，则猫口之鼠之自由也。
（同上，51—52页）

与梁启超生活在同一时代的人，听了他这番话，可能会有危言耸听之讥，以为是为维护清朝的异族统治找借口，故意把革命说得这么可怕。因而有人在总结立宪派与革命党的论战时便说："梁启超所描写革命共和的恶果，如内部必至自生分裂，彼此争权，乱无已时，未尝不与后来的事实有几分相符，但这些事实在当时是未表现出来的事实，一般人看不见的；而《民报》所描写清政府的坏象、改革的敷衍、立宪的虚伪、排汉的险恶，都是当时确凿的事实，人人看见的；不惟革命党人以此向政府进攻，就是梁自己也常持此以攻击政府。青年的恒性大抵是只看见现在的不好，对于将来的不好，一则未必看得定，二则相信将来的不好自有将来的救济的方法，断不肯因为将来的不好，就把现在的不好容忍过去了。"（李剑农著《中国近百年政治史》，221—222页）所以，他判定革命与立宪

之争，梁启超必败，虽然"他天天反对排满革命，鼓吹立宪，革命党固不信他，就是满洲人也不信他"。（同上，223页）

四、没有自由意志，何来国民公意

梁启超从本国国情出发，看到在中国马上实行共和立宪，乃至君主立宪，都是不现实的，因而反对排满革命，主张以"开明专制"为过渡阶段，待条件具备之后，再行君主立宪或共和立宪。但"历史"却将他推到反动一方，超越历史发展可能性的"革命"，此时却"一登龙门，则声价十倍"，成为二十世纪中国的主旋律。这实际上提出了一个值得思考的问题，是什么导致二十世纪的革命观念最终打碎了立宪党人的一帘幽梦？

梁启超的思考显然已经触及问题的核心，他从共和立宪所规定的必要条件入手，进而分析它在实际操作中的不可能性，以及与中国历史经验的差异，从而按住了革命理论的两个致命"穴位"，一个是将意识形态的知识性幻想转化为革命动力，以此完成对群众的动员和组织；再一个就是将"革命"纳入历史"必要性"的解释机制，赋予其顺应历史发展潮流的所谓历史理性。

梁启超强调共和立宪的两个必要条件，其一即卢梭所说的国民总意（公意），不过，欲求国民总意，只有付诸直接投票，也就是现在所说的全民公决，才有可能实现。然而，能够享受这种民主过程的，只能是瑞士这种规模很小的联邦制国家。稍大一点的国家则不具备这种可能性，尽管这种一人一票的直接民主至今仍为许多人所艳羡。再有，参与直接投票的每个国民都应该按照其本意投票，任何有形或无形的强迫和愚弄，都可能损害国民总意的真实性。第三，国民总意是全称概念，只要有一人持有异议，都不能冒总意之名。他指出，有此三说，国民总意说只好宣告破产。于是退一步，变总意为多数，认定了"多数之所在，即国利民福之所在也"。但此论谓之或然则可，谓之必然则不可，其道理不言自明。问题的关键在于国民能否"以自由意志投票"。共和政治的施政基础既为"多数决定"，而且，"多数者恒近于国利民福者也"，那么，这个多数之所由来，就显得非常重要。根据他的观察，有两大因素可能影响到人的自由意志，一种是有形的，"一党派之势太鸱张，而其人复狞猙，中立者惮焉，不得不屈其本意以从之也"，这是说的国民因胆怯而放弃自由意志；一种是无形的，"外界波谲云诡之现象刺激其感情，而本心热狂突奔，随之以放乎中流，而不复能自制也"，这是说的国民因受蒙蔽而失去自由意志。这两大因素都有可能使国民的自由意志受到伤害，而由此得到的所谓国民的大多数，其实是沉默的大多数，其真实性是非常可疑的。所以他提醒人们注意："苟非自由意志之多数，非真多数也。"（同上，6页）

自由意志之难以维持于此可见一斑。梁启超说："夫自由意志云者，谓吾本心固有之灵明，足以烛照事理，而不为其所眩；吾本心固有之能力，足以宰制感觉，而不为其所夺；即吾先圣所谓良知良能者是也。"（同上，7页）自由意志就是良知良能，然而，良知良能之不易得，又恐非阳明学说之末流空言义理、高蹈玄虚之误也，更多的还是权利的肆意横行，或以恐怖之高压，或以金钱之收买，或以谎言之欺骗，或以情感之煽动，总之，要保持"自由之意志，独立之精神"是非常不容易的。既然"国民自由意志之真多数，诚不易见靚"，那么，"纯粹的共和政治，诚不易行"，也就绝非虚言。尤其"当国家根本，破坏摇动，人心骚扰，甚嚣尘上之时"，思以武力颠覆现政府而建一共和新政府，又能有几分把握？（梁启超著《饮冰室合集·文集》之十九，9—10页）

梁启超不相信种族革命可以成就共和立宪制，就在于他看到了革命并不尊重和保护每个人的"自由意志"，反而会伤害或压迫这种"自由意志"，甚至强迫人民放弃自己的"自由意志"。而如果没有以"自由意志"为基础的国民总意或多数，共和立宪的根本精神也就被抽空了，成了一个徒有其名的空壳。共和立宪制还有另一个必要条件，即作为统治形式的三权分立之制度，梁启超称之为孟德斯鸠造福于人类政治进步的伟大贡献，欧美各国宪法之精神没有不本于是者。英国虽为不成文法，但其制度却是按照孟氏学说设计的。至于美国，则纯用孟氏学说，分毫不差。他说："孟氏此说，原以反抗专制为精神，所反抗者，不徒君主专制而已，凡一切专制，皆反抗之，故不惟不许一人总揽大权，并不许一机关总揽大权，立宪大义，实自兹出。"（同上之十七，42—43页）这种分权制衡正是宪政的精髓。其作用机理就在于以权力制约权力，借用美国"宪法之父"麦迪逊的话说，即"用野心对抗野心"。这种制度安排使得没有一种权力是至高无上的，任何权力都有其边界，并受到来自其他权力的制约和对抗。横向的分权制衡，能使立法、行政和司法权相互牵制；纵向的分权制衡，则能够有效地约束中央和地方行使属于自己的权力，从而防止权力被滥用，也为个人基本权利和自由的保障提供了"双重安全阀"。（麦迪逊语）

这显然是一种理想的政治制度，也是革命党在许多场合对国民的许诺。但梁启超却不无担忧地说："盖危险有不可思议者焉。"为什么如此悲观呢？他说："凡一国家，必有其最高主权。最高主权者，唯一而不可分者也。"也就是说，在司法、立法、行政三权之上，还有个唯一不可分的最高主权，这个唯一不可分的最高主权，按照卢梭的说法，就是国民总意或国民多数，此权利"无论何时，而皆保存于国民之自身也"。所以，"吾昨日可以自由意志选举者，明日即可以自由意志而取消也"。毫无疑问，这是共和制的真精神。但如果是在"不惯民政而党派分歧、阶级分歧、省界分歧，种种方面利害互相冲突之国，则惟有日以此最高主权为投地之骨，群犬狺狺焉竞之，而彼三机关者，废置如弈棋，无一日焉得以自安耳。盖随时拈一问题，可以为竞争之鹄。而国民无复判断真是真非利害之能力，野心家利用而播弄之，略施小伎俩，即可以刺戟其感情，而举国若狂。故所谓多数者，一月之间，恒三盈而三虚。彼恃多数之后援以执政权者，时时皆有朝不保暮之心，人人皆怀五日京兆之想，其复何国利民福之能务也"。这与共和立宪的精神已经渐行渐远，其原因就在于"教育未兴，民德未淳"的国情，故当有人建议以美国为榜样，进行共和革命时，他说："美国非我中国所能学也，彼其人民积数百年之自治习惯，远非我比。"我们已习惯专政而"不惯民政"，而"三权分立之政治，即最高主权在国民之政治也，而最高主权在国民之政治，决非久困专制骤获自由之民所能运用而无弊也"。（同上之十九，14—15页）

五、站在清政府与革命党之间

梁启超既以立宪为政治革命的唯一诉求，所以，当清政府于光绪三十二年（1906）七月十三日宣布"预备立宪"后，他当即表示："从此政治革命问题，可告一段落。此后所当研究者，即在此过渡时代之条例如何。"（丁文江、赵丰田编《梁启超年谱长编》，365页）在这里，他不仅看到了开明专制的前景，而且，种族革命的危险性也大大地减轻了。于是，他主动结束了与《民报》长达两年多的论战，集中精力研究立宪的具体做法。尽管革命党并不买梁启超的账，他们拒绝了他的停战请求，继续发表批驳他的文章。而梁启超却不再回应，此时的他，与杨度、蒋观云、徐佛苏、熊秉三等开始筹划组织政党，后因杨度与其他几位意见不合，自行组织宪政公会，梁启超便和蒋观云、徐佛苏等创办了政闻社，并出版《政论》杂志，继续鼓吹立宪，制造舆论。这时的梁启超俨然就是立宪派的幕后导师和精神领袖。有意思的是，清政府在关于预备立宪的上谕中对形势所作估计，事实上采纳了梁启超的意见，其中讲道："目前规制未备，民智未开，若操切从事，涂饰空文，何以对国民而昭大信。故廓清积弊，明定责成，必从官制入手，亟应先将官制分别议定，次第更张，并将各项法律，详慎厘订，而又广兴教育，清理财务，整饬武备，普设巡警，使绅民明悉国政，以预备立宪基础。"（同上，364—365页）这些说辞都是梁启超在《开明专制论》中反复讲过的，甚至，清政府提出的九年预备时限，较之梁启超先前关于二十年的建议，时间上至少缩短了一半还多。也许是受到时代风尚的影响，又为形势所迫，光绪三十三年（1907）六月之后，梁启超也逐渐放弃了稳健的主张，转而要求速开国会，及时立宪。

不过，清政府的所作所为并不能令人满意。光绪三十二年（1906）九月二十日上谕，清政府对外宣布了厘定内阁官制的结果。官制改革是预备立宪的第一步，关系重大，各方面的期待也很高，希望清政府能有一番作为。过去的中央机关主要由九卿、六部、内阁和军机处组成，按照新官制的规定，除"内阁、军机处一切现制，著照旧行"外，拟另设十一部、七院、一府，其中新设十一部中，"外务部、吏部均著照旧"，其余所设"各部堂官均设尚书一员、侍郎二员，不分满汉"。（上海商务印书馆编译所编纂《大清新法令》第一卷，38—39页，商务印书馆2010年11月版）然而，虽说是"不分满汉"，但在实际安排中，十一位尚书，满人占了六人，汉人只占五人，比从前六部满汉尚书各一人还少了一人。在满汉关系超级敏感、反满排满情绪持续高涨之时，这种安排犹如导火索，引起各阶层人民的反感，更为革命党提供了口实。徐佛苏写信给梁启超倾诉他的苦恼："政界事反动复反动，竭数月之改革，迄今仍是本来面目。政界之难望，今可决断，公一腔热血，空洒云天，诚伤心事也。他党近来势颇发达，久恐有异动，排斥立宪之声，如哇鸣之噪耳，弟近日最受唾骂。"（丁文江、赵丰田编《梁启超年谱长编》，368 页）

此时，梁启超的压力也很大。原本以为，清政府主动提出预备立宪，能够收民心而抑革命，使政治走上轨道。哪知道，清政府虚情假意，不肯放弃自己的既得利益，反而给革命党可乘之机，也让更多的国民感到失望。他明白，此时此刻，要救中国于危难之中，他必须选择两面作战："要而言之，革命党之举动，可以亡中国者也；现政府之举动，尤其可以亡中国者也。然所以有革命党者，则现政府实制造之，现政府不可不为革命党受过。故革命党亡国之罪一，而现政府亡国之罪二。"（梁启超著《饮冰室合集·文集》之十九，50—51 页）不过，虽然对朝廷的做法深感失望，而新官制的缺憾，倒也在他的意料之中。他在写给蒋观云的信中就曾讲道："此度改革，不餍吾侪之望，固无待言。虽然，又当思此度之动机，果发自何所乎？不过一二人偶以其游历所耳食者，归而姑尝试之耳，若国民则全未有厝意于此。以些少之劳而欲求丰多之获，昔贤犹以豚蹄篝车诮之，况些少之劳并未一效者耶。故望此次改革之有大效，实无有是处，而因此次改革之无效而失望，益无有是处也。先生谓何如？来示谓国民复无促其再度改革之能力云云，此诚可痛，然弟以为练成此能力，正我辈之责也。我辈在国民中宜多负责任者，今不自为之，何以望人？"（丁文江、赵丰田编《梁启超年谱长编》，368—369 页）

梁启超看到了自己的责任，从民国纪元前六年（1906）一直延续到民国之初，梁启超肩负着自己的责任，为宣传君主立宪的主张，造就自由意志之新国民，付出了大量心血，写了百余万字的文章，并创办了《国风报》，为立宪制造舆论。他在《叙例》中指出："夫立宪政治者，质言之则舆论政治而已。"（中国近代期刊汇刊第二辑《国风报》第一册，第一年第一期叙例，4 页，中华书局 2009 年 10 月版）他的宣传对于传播新思想功莫大焉，胡适曾在民国初年高度评价梁启超的作用，他说："梁任公为吾国革命第一大功臣，其功在革新吾国之思想界。十五年来，吾国人士所以稍知民族思想主义及世界大势者，皆梁氏所赐，此百喙所不能诬也。去年武汉革命，所以能一举而全国响应者，民族思想政治思想入人已深，故势如破竹耳。使无梁氏之笔，虽有百十孙中山、黄克强，岂能成功如此之速耶！近人诗'文字收功日，全球革命时'，此二语唯梁氏可以当之无愧。"（耿云志著《胡适年谱》，25 页，中华书局香港分局 1986 年 6 月港版）

　　梁启超得此评价，应该可以无憾了。然而，这样的结果难道是他想要的吗？其实，宣统三年（1911）九月十六日，也就是武昌起义爆发后的第二十七天，他曾冒险回国，辗转于大连、沈阳之间，并寻找机会进京，就是看到还有实现君主立宪的可能，还想做最后一搏。他说："本初（袁世凯）观望不进，今欲取巧，今欲取而代之，诚甚易，资政院皆吾党，一投票足矣。"他还说："所幸武汉之事，出自将军黎元洪，而汤化龙参之，皆士夫也，或可改为政治革命。"（丁文江、赵丰田编《梁启超年谱长编》，556—557 页）时已至此，他还做着君主立宪的梦。但南北双方的政治博弈不仅没给清皇室留下太多时间，也没给梁启超留下太多时间。他这次回国，几乎一事无成，很快就失望地回到日本。不久，他便发表了《新中国建设问题》一文。这是一篇从理论上为中国的君主立宪盖棺论定的文章。后来，袁世凯要做皇帝，他发表《异哉所谓国体问题者》表明态度，还提到了这篇文章，他说："直至辛亥革命既起，吾于其年九月犹著一小册子，题曰《新中国建设问题》，为最后维持旧国体之商榷。"（梁启超著《饮冰室合集·专集》之三十三，86—87 页）这篇文章分为上下两篇，上篇论单一国体与联邦国体的问题，下篇论虚君共和政体与民主共和政体的问题。尽管他在文章中对英式虚君共和政体，也就是君主立宪与其他五种政体的利害得失做了非常详尽和深入的对比分析，认为前者最适合于中国，并且详述其理由，但此时他对君主立宪在中国的前景已经表示出深深的绝望。

随着清室退位，民国成立，《临时约法》颁布，他最终还是选择了接受民主共和这个现实。但在政体方面，他希望能采取政党内阁制，以促进民主立宪的落实，以为这样可以避免革命带来的负面效应。这期间他参与了进步党的创建，并依托进步党，与袁世凯合作，对同盟会及后来的国民党加以制衡。他说："吾党一面既须与腐败社会为敌，一面又须与乱暴社会为敌，彼两大敌者，各皆有莫大之势力蟠亘国中，而吾党以极孤微之力与之奋斗，欲同时战胜两敌，实为吾力之所不能逮，于是不得不急其所急，而先战其一。"他的这种选择仍然延续了清末最后十年立宪派的政治态度，即站在革命党和政府之间，宁肯与不甚令人满意的政府合作，以反对革命党。其原因就在于他对革命的根本不信任，"革命之后，暴民政治最易发生。而暴民政治一发生，则国家元气必大伤，而不可恢复"，所以他才选择支持不甚满意之政府，勉予维持，而集中力量对付"祸国最烈之派"，即热衷于暴民政治的革命党。（丁文江、赵丰田编《梁启超年谱长编》，667页）于是便有了在二次革命期间对袁世凯的支持，有了在总统选举中力挺袁世凯，有了在国会中对国民党势力的排斥，直至最后宣布解散国民党、解散国会。它所带来的直接后果，就是袁世凯权力欲望的极度膨胀，最终走到恢复帝制、黄袍加身的老路上去。

由此也可证明梁启超的一个论断：革命易，立宪难。而君主立宪尤其难。何以如此之难呢？我们从清末立宪的过程中便不难发现，君主立宪与革命的最大不同，即前者需要说服当权者共同创建一个新的政体，而后者只要将旧制度和当权者打翻在地。具体到清末中国的政治格局——立宪派、革命党和清政府，如果清政府能与立宪派取得共识，实实在在地预备立宪，那么，实现君主立宪的可能性不是没有。但遗憾的是，清政府的所作所为只是想利用宪政维持满族人的既得利益，客观上帮了革命党的忙，为革命铺平了道路，不断壮大革命党的力量，最终将最忠实的立宪派都逼到革命阵营中去了，事实上成了革命党的同盟军。而最尴尬的应是梁启超，他的两面作战的策略，不仅不能使清政府理解他的良苦用心，而他对清政府的揭露和批评，反而让更多的人慢慢认清了清政府的本性，并最终选择站到清政府的对立面去了。这是梁启超始料所不及的吧。

第五章

新民为立宪当务之急

一、国民政治自觉是立宪根基

梁启超对于中国未来的政治安排，有个十分重要的预设环节，即国民之政治自觉，这是宪政得以实现的社会基础。如前所述，中国近代的"自改革"运动，是从争取言论自由，也就是说话的权利开始的。在君主制内部，能够对国家事务发表意见的人是很有限的，雍乾两朝文字狱所造成的万喙息响、鸦雀无声且不论，即使是有雅量的君主，愿意听取各方面的意见，他也只能听到严格按照上书言事的既定程序发表的意见。其结果，是把政治参与变成了少数人的特权。康有为早年数次上书均被阻，就因为朝廷对文人问政有严格限制。清对士人控制极严，不许随意上书，文人干政是要冒杀头乃至诛灭九族风险的。康梁变法的基本诉求之一，就是打破不许士人问政的禁令。公车上书是第一次有组织的大规模士人问政的公开行动，而戊戌年百日维新的许多改革措施，也是要动员整个士绅阶层介入国家事务，并赋予其合法性。严格说来，扩大言路，重新界定言论的范围和边界，包括两个方面，一是言说的人，二是言说的内容。就前者而言，扩大是个从精英到民众的渐进过程，尽管梁启超始终未能摆脱精英情结，他的启蒙主要针对知识阶层，也就是从前的士子、如今的学生群体而发言，但在言说中，他已经清楚地认识到，国家是全体国民的国家，而非一部分人的国家。因此，他很看重全体国民的觉悟。在他看来："各国之不能立宪者，或其君主误解立宪，以为有损于己，或其人民大多数未知立宪之利而不肯要求。"（梁启超著《饮冰室合集·文集》之十九，25页）而且，"君主之误解，实由于一己之利害问题，若人民要求迫切，则君主必知不立宪而折损更甚，比较焉而误解自销。故人民要求，又为消释君主误解之原因。故不肯要求，实为不能立宪之最高原因"。（同上，26页）于是，他在此特别强调："立宪之几（机），恒不在君主而在人民，但使其人民有立宪之智识，有立宪之能力，而发表其立宪之志愿，则无论为如何之君主，而遂必归于立宪。"（同上，27页）但这里有个前提，即君主必须是明君，如果是昏君，任你人民如何要求，他就是不肯放弃既得权力，又其奈我何！

　　不过，此时的梁启超似乎并不担心君主的态度，他认为，君主赞成立宪是早晚的事，而更令人担忧的，是国民的政治觉悟和能力，"除了纳钱粮打官司两件事之外，是和国家没有一点交涉的，国家固然不理人民，人民亦照样的不理国家。所以，国家兴旺，他也不管，国家危亡，他也不管。政府的人好，他也不管，政府的人坏，他也不管"。（梁启超著《饮冰室合集·专集》之八十九，26页）如果国民是这个样子，你让他尽其责任，要求立宪，岂非天方夜谭？上面那番话是梁启超借黄克强之口说的，他直接发言自然比小说人物的表达更加鲜明有力："中国之能救与否，惟视人民之能为要求、肯为要求与否以为断。夫彼毫无政治智识、毫无政治能力者，不知要求为何物，不知当要求者为何事，固无冀焉矣。若其稍有政治智识者，又不务自养其政治能力，且间接以养成一般国民之政治能力，而惟醉梦于必不可致之事业，奔驰于有损无益之感情，语及正当之要求，反避之若浼焉，夫是以能要求肯要求者，举国中竟无其人也。夫彼绝无智识绝无能力者，不足责焉，若夫稍有智识者，且可以有能力者，而亦如是，则亡国之恶因，非此辈造之而谁造也？"（梁启超著《饮冰室合集·文集》之十九，42—43页）

　　这是梁启超的悲愤之言。那么，如何才能改变这种现状，不仅使能要求肯要求者负起自己的责任，自养其政治能力，而且使绝无智识绝无能力者，养成一般国民之政治能力呢？他的主张便是"新民"。梁启超说："苟有新民，何患无新制度、无新政府、无新国家。"（梁启超著《饮冰室合集·专集》之四，2页）他还说："吾国言新法数十年而效不见睹者，何也？则于新民之道未有留意焉者也。"（同上，2页）这是他从历史经验中得出的教训，包括戊戌年的变法，太急于制度层面的改革，而忽略了国民政治觉悟的启蒙，结果是欲速则不达。他的《新民说》即为此而作。当时，蒋百里化名飞生批评他的《新民说》"倒果为因"，即把顺序弄颠倒了。文章发表于《浙江潮》第八期，他认为："自理论上言，则有新民，固何患无新政府，而自事实上言，则必有新政府，而后可得新民也。"他进而言之："政府者，固有新民之天职在也。"如果政府不能尽到新民的天职，就应该责备政府，不应责备国民。在他看来，新政府要比新民容易多了，"不教之以变少数短年易变之政府，而教之以新多数积重之民俗，吾知其事之万不可期"。新政府是否容易且勿论，新民之不容易却是真的。不过，对于新民，他又主张"当单易直捷，以鼓其前进之气"，而"有其道也，则有一震撼雷霆之举，足以使沉睡之脑一震，而耳目能一新是也"。他很欣赏严复所著《原强》一文，"归其本于智德力而救急则归于一震，盖深知智德力之进之有道，而救时之要，当在是也"。（梁启超著《饮冰室合集·文集》之十一，40—42页）

梁启超对飞生的回应，也是对当时社会舆论的回应。他问飞生，你想改变政府，或曰新政府，很好，但如果不在新民处下一番工夫，又如何改变呢？而且他特别说明一点，所谓新民，不是要取四万万人而尽新之，这是不可能做到的，能有万分之一就很不错了。以为先新民后新政府，一定是四万万人都新了之后再新政府，实在是一种误解。至于飞生津津乐道的严复的"震"，梁启超称之为"震"

主义，他说："此亦可谓近来最有力之一学说也。"问题是谁来实施，"望得独一无二之豪杰以自震之乎，抑望得多数无名之豪杰以共震之乎"？不管怎样，恰好证明了新民的必要性。只有新民才有能力实施"震"，才有眼光欣赏"震"，如飞生者，便是已"新"之民啊。还有他所主张的"鼓气"，"亦近时报界之趋向也"，梁启超说，他过去是最主张"鼓气"主义的，但近年来的实践已证明，如果"智德力三者不能与之相应，则不旋踵而瘵矣"。尽管在国民中养成智德力仍需必要的时间和耐心，然而，"今日欲改造我国家，终不得不于民智、民德、民力三者有所培养，苟非尔者，非惟建设不可期，即破坏亦不可得也。而偏持鼓气主义，其结果也，则往往于养成智德力三者之事业，无端而生出许多魔障"。他以《苏报》案引发的风潮与东京留学生回国运动为例，认为气虽可鼓，却又得不偿失，不仅不能有损满洲政府一分一毫，反而使许多学生丢了学业。他奉劝那些"鼓气"主义者："欲民之有气者，非欲其嚣然尘上而已，将以各任一二实事也。"（同上，42—45页）这也就是李慎之先生生前一再告诫人们的，宁肯十年不将军，不可一日不拱卒。

二、新民为今日中国第一急务

1902年2月8日（清光绪二十八年正月初一日），梁启超创办的《新民丛报》在日本横滨出刊，所撰《新民说》，从第一号开始连载，直到1906年1月6日第七十二号止，历时五年，凡二十节，系统表达了他对"新民为今日中国第一急务"的思考，在中国近代思想史上具有开创性和开拓性，是一部里程碑式的著作。

梁启超为什么要在这个时候提出"新民"的问题，并作为今日中国的当务之急？他的根据有两条，一是关于内治的，一是关于外交的。说到内治，他特别强调国民自治能力的重要性，认为"英美各国常不待贤君相而足以致治"，就是因为有人民自治的传统；我们则恰恰相反，已经习惯了把自己的身家性命和幸福安康托付给期待中的明君贤相。他将这种"责人不责己，望人不望己"的习惯称作"恶习"，此恶习不去，中国的维新变法、君主立宪都没有希望。"我责人人亦责我，我望人人亦望我，是四万万人遂互消于相责相望之中，而国将谁与立也"？（梁启超著《饮冰室合集·文集》之四，2—3页）

梁启超很早就注意到民力、民智、民德与国家强弱之间的关系，他在倡言变法之初，就把"开民智"看做国家自强的"第一义"。他呼吁科举考试制度的改革，废除八股文，兴办新式学校，都是强调新人的培养。他还倡导办学会，譬如强学会、农学会、保国会、知耻学会、医学善会、商会、戒缠足会等，涉及士农工商各个方面。到了在湖南长沙办南学会的时候，甚至将它当做议会来办，权作为民主、民权、自治的训练。他很看重学会的作用，就因为学会能"群"能"通"，人与人之间可以结成团体，互相交流，有助于民智的开通及自治能力的培养。

至于外交，他所强调的是西方帝国主义，他称之为民族帝国主义对中国的威胁，以及中国应如何应对这种威胁。梁启超所处的时代，中国正面临着来自西方国家的严峻挑战，这是中国数千年来从未遇到过的。梁启超看到，西方国家在与中国的竞争中之所以显得十分强大而有力量，很重要的一个原因，是它们都经历了近代民族国家的政治整合，从而完成了从传统国家向新的民族共同体，即民族民主国家的转变，对外则表现为民族帝国主义（National Imperialism）。何为民族帝国主义？梁启超说："其国民之实力充于内而不得溢于外，于是汲汲焉求扩张权力于他地，以为我尾闾。其下手也，或以兵力，或以商务，或以工业，或以教会，而一用政策以指挥调护之是也。近者如俄国之经略西伯利亚、土耳其，德国之经略小亚细亚、阿非利加，英国之用兵于波亚，美国之县夏威，掠古巴，攘菲律宾，皆此新主义之潮流。"他们如何对待中国呢？"彼俄人之于满洲，德人之于山东，英人之于扬子江流域，法人之于两广，日人之于福建，亦皆此新主义之潮流，迫之不得不然也"。问题在于造成这种局面的原因，"由于民族之涨力"，而非"一人之雄心"。（同上，4页）既然西方国家"以民族不得已之势而来"，那么，对中国人来说，"非合吾民族全体之能力，必无从抵制也"。所以他说："今日欲抵当列强之民族帝国主义，以挽浩劫而拯生灵，惟有我行我民族主义之一策，而欲实行民族主义于中国，舍新民末由。"（同上，4—5页）能理解这一点，我们也就明白了，为什么在梁启超对"新民"的想象中会有很强烈的国家主义、民族主义色彩。

三、梁启超是如何想象"新民"的

最早提到"新民"这个概念的，应该是"四书"中的《大学章句》。作为初学者的入德之门，它在开篇即讲道："大学之道，在明明德，在亲（新）民，在止于至善。"朱熹则解释为："新者，革其旧之谓也，言既自明其明德，又当推以（己）及人，使之亦有以去其旧染之污也。止者，必至于是而不迁之意。至善，则事理当然之极也。言明明德、新民，皆当至于至善之地而不迁。盖必其有以尽夫天理之极，而无一毫人欲之私也。"他接着说："明德为本，新民为末。知止为始，能得为终。"（朱熹著《四书章句集注》，3页，中华书局 1983 年 10 月版）我们慢慢就会看到，朱熹这里讲到的两个层次和一个要点，都在梁启超的"新民说"中有所体现。明明德就是自新，自新之后，还要推己及人，就是新民，而方法则通过格物致知，祛除明德的旧染之污，而抵达至善，至善即明德也。这里自然渗透着儒家的思想传统，而他所设想的"新民"，本身就包含着"修身齐家治国平天下"的逻辑关系。传统的修身不仅是这一逻辑链条的起点，甚至它本身便是"新民之事"。（同上，4页）在这里，所谓新民之事，即"正其心""诚其意""致其知"，（同上，3页）最终，修得正果，也就是"自新新民，皆欲止于至善也"。（同上，5页）后面讲到王阳明的"拔本塞源""反观内照"以及"致良知"，也是在发挥朱熹的思想。

不过，此时的梁启超已经从西学中大量吸收了关于群治的社会政治思想，这种思想与儒家经典互相渗透，促使他在《新民说》中提出了一整套新的人格理想和社会价值观。由此可知，他想象中的"新民"，已经不是纯粹的中国文化血统，还注入了西方文化血统。他很强调两种文化的调和，只有"善调和者，斯为伟大国民"。（梁启超著《饮冰室合集•专集》之四，7页）于是他指出："故吾所谓新民者，必非如心醉西风者流，蔑弃吾数千年之道德学术风俗，以求伍于他人；亦非如墨守故纸者流，谓仅抱此数千年之道德学术风俗，遂足以立于大地也。"（同上）

梁启超对于"新民"的这种想象，来自他对世界上不同人种的认识。他以肤色的不同区分人类为白、黄、棕、红、黑五个民族，相比较之，五色人群中，以白种人最优；而白种人中，又以条顿人最优，而斯拉夫民族和拉丁民族次之；至于条顿人，又以盎格鲁撒（克）逊人最优，而日耳曼人次之。他认为，这是人类社会数百年来文明演化的结果，而并非上天眷顾其人。这种演化又是无止境的，任何一个民族，如果能够自新其人，他日都有可能代之以兴。这正是梁启超主张"新民"的真正目的，其中则蕴涵着他的民族复兴之梦。他根据当时所信奉的社会进化原理，编织着中国人的世纪梦想。然而，世界上有这么多的民族，何以他对盎格鲁撒（克）逊人，即英美人最为赞许，以此作为中国"新民"的榜样？

盎格鲁撒（克）逊人是条顿人中后起的一部分，条顿人的政治能力就非常强，"非他族所能及也"。譬如希腊人和斯拉夫人，前者缺点有三："人民之权利不完，一也；团体与团体之间不相联属，二也；无防御外敌之能力，三也。故希腊人一轫于罗马，再轫于土耳其，三轫于条顿人，数千年不见天日。"后者则至今"犹呻吟于专制恣暴政体之下而未有已也"。相比较于条顿人，其政治思想就显得相当薄弱，"虽能建无数之小军国，而无统一之之道，能创大宗教，而不能成大国家"。至于拉丁民族，则比他们优秀得多。拉丁人创建了"伟大之罗马帝国，统一欧陆，能制完备之罗马民法，垂型千年，虽然，其思想太大而不能实施，动欲统制宇内，而地方自治之制被破坏焉，个人权利被蹂躏焉，务张国力而不养人格，故及罗马之末叶，而拉丁之腐败卑劣闻天下。虽及今日，而其沿袭之旧质，犹不能除。好虚荣，少沉实，时则倾于保守，抱陈腐而不肯稍变；时则驰于急激，变之不以次第。若法兰西人，其代表也，百年之内，变政体者六，易宪法者十四，至今名为民主，而地方自治与个人权利毫不能扩充。此拉丁人所以日蹙于天演之剧场也"。

而条顿人的特点，在于能保持"其个人强立自由之气概，传诸子孙而不失"，并且能吸收、综合罗马文化中各种异质元素，"遂能成一特性之民族，而组织民族的国家（National state），创代议制度，使人民皆得参预政权，集人民之意以为公意，合人民之权以为国权。又能定团体与个人之权限，定中央政府与地方自治之权限，各不相侵，民族全体得应于时变，以滋长发达"。而盎格鲁撒（克）逊人又是条顿人的佼佼者，"其独立自助之风最盛。自其幼年在家庭，在学校，父母师长皆不以附庸待之，使其练习世务，稍长而可以自立，不倚赖他人。其守纪律循秩序之念最厚，其常识（Common sense，尤指判断力）最富，常不肯为无谋之躁妄举动。其权利之思想最强，视权利为第二之生命，丝毫不肯放过。其体力最壮，能冒万险。其性质最坚忍，百折不回。其人以实业为主，不尚虚荣。人皆务有职业，不问高下，而坐食之官吏政客，常不为世所重，其保守之性质亦最多，而常能因时势，鉴外群，以发挥光大其固有之本性"。

既然盎格鲁撒（克）逊人如此之优秀，按照取法乎上的原则，梁启超表示："吾之所当取法者可知已（矣）。观彼族之所以衰、所以弱，此族之所以兴、所以强，而一自省焉，吾国民之性质，其与彼召衰召弱者异同若何？与此致兴致强者异同若何？其大体之缺陷在何处？其细故之薄弱在何处？一一勘之，一一鉴之，一一改之，一一补之，于是乎新国民可以成。"（同上，10—11页）他又将其概括为新之二义："一曰淬厉其所本有而新之，二曰采补其所本无而新之。"（同上，5页）很显然，他的这一思路至今仍有积极意义，既可以纠"普世价值论"者全盘西化之偏，又可以正"中国模式论"者以文化特殊对抗现代文明之误，从而兼顾坚守自身传统与吸收外来文明两个方面。中国要实现民族的伟大复兴，这应是唯一正道，所谓"执其两端，用（庸）其中于民"，（朱熹著《四书章句集注》，20页）就是强调执政者应该以中庸为最高的道德、行为准则。

四、严重的问题在缺少公德

梁启超的"新民"之道，表达了这样一种意愿，既不做世界主流文明的对抗者，也不仅仅做它的追随者，而应该主动承担起自己的责任，对现代文明有所担当，并为其发展与提升做出自己的贡献。按照他在《欧游心影录》中的设想，就是要"拿西洋的文明来扩充我的文明，又拿我的文明去补助西洋的文明，叫他化合起来成一种新文明"。（梁启超著《饮冰室合集·专集》之二十三，35页）

这便是他所谓"自新"而已，其中又分作四个步骤："第一步，要人人存一个尊重爱护本国文化的诚意；第二步，要用那西洋人研究学问的方法去研究他，得他的真相；第三步，把自己的文化综合起来，还拿别人的补助他，叫他起一种化合作用，成了一个新文化系统；第四步，把这新系统往外扩充，叫人类全体都得着他好处。"（同上，37页）他的"新民"理想应该就建立在这样一种中西文化相融合以求进步的观念之上。

梁启超将有关"新民"的问题分列为十六个题目，依次为：

论公德

论国家思想

论进取冒险

论权利思想

论自由

论自治

论进步（一名"论中国群治不进之原因"）

论自尊

论合群

论生利分利

论毅力

论义务思想

论尚武

论私德

论民气

论政治能力

这十六个问题大致可以分为三个方面，按照当今公民政治的要求，指的是道德、学识和能力；儒家有所谓智、仁、勇；严复则称之为民力、民智、民德。三种排序不同，但都以德为核心。严复说："新民德之事，尤为三者之最难。"（王栻主编《严复集》第一册，30页）梁启超更进一步指出："人类心理有知、情、意三部分，这三部分圆满发达的状态，我们先哲名之为三达德——智、仁、勇。为什么叫做'达德'呢？因为这三件事是人类普遍道德的标准，总要三件具备才能成一个人。三件的完成状态怎么样呢？孔子说：'知者不惑，仁者不忧，勇者不惧。'所以教育应分为知育、情育、意育三方面——现在讲的智育、德育、体育，不对，德育范围太笼统，体育范围太狭隘——知育要教到人不忧，情育要教到人不惧。教育家教学生，应该以这三件为究竟，我们自动的自己教育自己，也应该以这三件为究竟。"（杜垒选编《际遇——梁启超家书》，105 页，北京出版社2008 年 4 月版）他在这里称"智、仁、勇"为人类普遍道德标准，也就是现在人们常说的普世价值。有人不相信中国文化传统中包含着普世价值，怕是少有梁启超的慧眼和慧心。

先看道德。梁启超认为，德有公私之名，"人人独善其身者谓之私德，人人相善其群者谓之公德，二者皆人生所不可缺之具也。无私德则不能立，合无量数卑污、虚伪、残忍、愚懦之人，无以为国也；无公德则不能团，虽有无量数束身自好、廉谨良愿之人，仍无以为国也"。（梁启超著《饮冰室合集·专集》之四，12 页）这段话包含几层意思：第一，人无私德不能自立为人，私德是人所以为人的根基；第二，一国国民如果全无私德，国家必不能成立，如前所述，国民是构成国家的基础，国民既不能自立，国又何以立；第三，公德的功能为"团"，"团"者，聚集、集合之谓也。公德的作用就是把国民"团"在一起，结合成一个强有力的团体。梁启超与严复都十分重视"群"的研究，"团"即"群"之一理。《新民说》中专辟"论合群"一节，从优胜劣败的角度讲合群的重要性，他认为，人群的优劣，表现不一，"而能群与不能群，实为总原"。能群固然是优胜的，不能群则必然劣败。当时国中稍有知识者，都能讲一套"群"的重要性，但事实上，"非惟国民全体之大群不能，即一部分之小群亦不能；非惟顽固愚陋者不能，即号称贤达有志者亦不能也"。他指出，四种原因造成了中国人的"不群之恶性"：一曰公共观念之缺乏，不仅不能牺牲其私益之一部分以拥护公益，反而为私益而牺牲公益，这是不能合群之第一病。二曰对外之界说不分明，意思是敌我不分，内斗内耗，"往往舍公敌大敌于不问，而惟断断焉争小意见于本团。无他，知小我而不知大我，用对外之手段以对内，所以鹬蚌相持，而使渔人窃笑其后也"。这是不能合群之第二病。三曰无规则，无法律意识，如果是强权强加给国民的法律，自当别论，如果是国民全体以契约方式形成的法律，则不能不服从，不能不遵守。以一二人之意见强加于国民，或以个人自由为理由，破坏已有之法律和规则，都属于不能合群之第三病。四曰忌嫉，也就是见不得别人好，缺少合作精神，"吾国人此等恶质，积之数千年，受诸种性之遗传，染诸社会之习惯，几深入于人人之脑中而不能自拔，以是而欲求合群，是何异磨砖以作镜，蒸沙以求饭也"。这是不能合群之第四病。以上他从四个方面总结了我国民公德缺失的情形，他认为，如果公德不能在国民中形成共识和自律，那么，即使每个人都有很高尚的私德，国家仍不能成为国家。在这里，显而易见的是，国民政治参与的自觉首先不是国民权利意识的彰显，而是对"有助于国家有效性的加强"的强调。（梁启超著《饮冰室合集·专集》之四，76—79页）

我们知道，《新民说》是梁启超在 1902 至 1904 三年内陆续写成发表的。最初，他对中国"偏于私德，而公德殆阙如"（同上，12页）的现状十分担忧，因为，他不仅看到了公德缺失的严重性，而且，他在思考如何新民时发现，公德缺失不过是表面现象，根本原因是道德资源有缺陷，或者说，传统道德资源已不能满足社会发展的需求。中国传统道德学说发轫于周季，至孔子而集大成，梁启超说，《论语》《孟子》这些书，"吾国民之木铎"，（同上）木铎是什么呢？它是古代宣布政教法令时所用的器物，后来以此比喻宣扬教化的人。《论语》有言："天下之无道也，天将以夫子为木铎。"（徐志刚译注《论语通译》，32 页，人民文学出版社 1997 年 1 月版）夫子就是孔子，儒家的代表人物，他是上天派来教化百姓的，中国人所遵循的道德，大部分是经孔子阐释而衍生、发展起来的。但他所宣扬的道德，"私德居十之九，而公德不及其一焉"。（梁启超著《饮冰室合集·专集》之四，12 页）这是梁启超在二十世纪初的看法，言外之意，如今仍以"夫子为木铎"就显得不合时宜了，因为这个"木铎"有点老了，而且，只讲私德，不讲公德，只讲洁身自好、独善其身，不讲政治参与、政治竞争。黄遵宪敏感地觉察到梁启超对待孔子态度的转变，曾经写信提醒他不要忽略了孔子的复杂性和多样性，特别"请公慎之"。

梁启超并非不知道孔子的重要性，而儒家始终以伦理道德为其大宗，并渗透于方方面面，其中"如皋陶谟之九德，洪范之三德，《论语》所谓温良恭俭让，所谓克己复礼，所谓忠信笃敬，所谓寡尤寡悔，所谓刚毅木讷，所谓知命知言，《大学》所谓知止慎独，戒欺求慊，《中庸》所谓好学力行知耻，所谓戒慎恐惧，所谓致曲，《孟子》所谓存心养性，所谓反身强恕"，（同上）凡此种种，对于道德可谓发挥得淋漓尽致，几无余蕴了。不过，这些道德资源如果用于"养成私人之资格，庶乎备矣"，（同上）怕是没有什么缺憾了，但用之于新民，显然就少了很多东西。他将中国传统伦理道德与西方伦理道德做了一番比较，于是发现，中国传统伦理道德所要处理的关系，即儒家所谓三纲五常：前者君为臣纲、父为子纲、夫为妻纲，后者父子有亲、君臣有义、夫妇有别、长幼有序、朋友有信，基本上都在"私"的范畴之内，"所重者，则一私人对于一私人之事也"（同上），而西方伦理道德"所重者，则一私人对于一团体之事也"（同上），也就是说，西方伦理道德习惯从公共的角度处理个人与家族、个人与社会、个人与国家的关系。二者之间的差别就在这里，比如，所谓五常（又称五伦），其中父子、兄弟、夫妇三伦，都可归入西方伦理中家庭伦理的范畴，固不待言；而朋友如果归于西方社会伦理的范畴，则显得不伦不类，事实上，"朋友一伦决不足以尽社会伦理"，因为，"凡人对于社会之义务，决不徒在相知之朋友而已，即绝迹不与人交者，仍于社会上有不可不尽之责任"；至于"君臣一伦，尤不足以尽国家伦理"，这是因为，"至国家者，尤非君臣所能专有，若仅言君臣之义，则使以礼，事以忠，全属两个私人感恩效力之事耳，于大体无关也"。在这里，忠也好，义也好，都属于私人之间的感情和道义，绝非个人与国家、个人与社群之间应当具有的伦理关系。于是他说："若中国之五伦，则惟于家族伦理稍为完整，至社会国家伦理，不备滋多，此缺憾之必当补者也。"（同上，12—13页）

这就是说，中国固有的伦理道德，难以处理个人与现代民族国家的关系。其原因就在于，中国固有的伦理道德，只规定了个人对家庭、家族、朋友，乃至于朝廷和君主应尽的义务，却没有规定作为国民应该享有的责任和权利。具体到个人与国家的关系，所规定于国民的，也只有服劳役和缴纳赋税这两条，做到了，就是良民，做不到，就是刁民。至于对国家事务发表意见，对不起，那不是小小老百姓该操心的。君主对臣民的要求就是服从，只许老老实实，不许乱说乱动。这样一群没有权利、没有自由、没有尊严的奴才，你如何要求他自治、自尊、进步、合群；如何要求他关心国家的命运，以主人翁的身份参与国家管理；又如何要求他敢于冒险进取，表现出坚忍毅力，发扬尚武精神？所以，要以公德重建个人与国家的关系，就要国民有一种自觉，觉悟到自己是有权利、有尊严、有自由的国家公民，而不是国家或君主的奴才。这是公德最重要的内容，即人的政治觉悟、人的权利意识的觉醒。所以他说："有国家思想，能自布政治者，谓之国民。"（同上，16页）那么，什么叫做"自布政治"呢？就是要有自己的政治主张，并且能够运用合法的方式和手段，去传播、实践自己的主张。中国的老百姓历来都对政治有一种根深蒂固的恐惧感，害怕谈政治，厌恶政治，自觉地远离政治，大家还记得话剧《茶馆》中那块"莫谈国事"的牌子，既然有皇帝、官员为你做主，草民自然在政治上没有发言权。一句"我看大清国要完"，就有警察出来把你拘到局子里去了。士大夫也以不谈政治为清高，近代以来，得风气之先者往往以"广开言路"为切入点，就是在为士大夫呼吁和争取政治参与的权利，鼓励他们参与不同政治意见之间的讨论乃至争论。有人批评中国民众麻木不仁，其表现主要就在于权利思想薄弱。梁启超认为，中国国民无权利自然是两千年来的专制统治造成的，但他说："权利之为物，必有甲焉先放弃之，然后有乙焉能侵入之。人人务自强以自保吾权，此实固其群，善其群之不二法门。"（同上，32页）意思就是说，每个人都要挺身而出奋起向强权争取自身权利，才能使国民的权利得到维护，真正做到"固其群，善其群"。英国人为何能建立一个强大的现代国家呢？就是因为英国人"权利思想之丰富，权利情感之敏锐"。（同上，33页）然而，"吾中国人惟日望仁政于其君上也。故遇仁焉者，则为之婴儿，遇不仁焉者，则为之鱼肉"。（同上，35页）这是中国人常做的三个梦之一，明君梦，希望有个好皇帝；还有两个梦，一个是清官梦，希望有个能为民做主的包龙图；再一个就是侠客梦，希望有个正义的侠客，月黑风高取贪官首级。这三个梦让我们看到了我国民不如西方国民的地方。

五、私德、公德，不可偏废

需要指出的是，两年后，梁启超作《论私德》，对此前他在《论公德》中的论述不得不有所修正。在这里，他不仅强调私德对于公德的必要性，而且对于现实中私德的沦丧也表现出深深的忧虑。他说："论德而别举其公焉者，非谓私德之可以已。谓夫私德者，当久已为尽人所能解悟能践履，抑且先圣昔贤，言之既已圆满纤悉，而无待末学小子之哓哓词费也。乃近年以来，举国嚣嚣靡靡，所谓利国建群之事业，一二未睹，而末流所趋，反贻顽钝者以口实，而曰新理想之贼人子而毒天下。"（梁启超著《饮冰室合集·专集》之四，118页）这里所言，恐怕就是他写作《论私德》时的主要动机。很显然，此时他已意识到，只讲公德，不讲私德是一种偏颇。于是，他不再强调中国之私德如何发达、如何完备，不仅不可以已，而且还要提高它的地位，强化它的功能，"是故，欲铸国民，必以培养个人之私德为第一义，欲从事于铸国民者，必以自培养其个人之私德为第一义"。（同上，119页）他在此讲了两层意思，其一，国民的铸造，也就是新民，必须把培养私德放在首位；其二，从事于铸国民者，也就是有志于"使民新"的人，尤其要把培养私德放在首位。

过去他曾担心，中国人多偏于保守，不容易接受新事物，故大倡破坏主义。然而，现在看来，那些动辄主张一切破坏的人，犹如虎狼之医，欲以一剂猛药，将一个病人置于死地而已。他澄清过去所言"破坏"为何意，即"去其病吾社会者"，而主张一切破坏的人，"是将并社会而亦破坏之"。（同上，131页）这就是俗语所言，泼脏水把孩子泼了。这是非常可惜的。新道德未能确立，旧道德先已溃败。无论三纲五常、忠孝节义、仁义礼智信，还是温良恭俭让，都被冠以"封建道德"四个字而遭到唾弃，甚至连"道德"二字都被那些走极端者视为对人的束缚，认为"破坏则无需道德"。（同上，130页）

这自然不是他想看到的，他提倡公德，提倡破坏，对私德的局限性有微词，却并不反对私德，甚至认为："古今破坏之伟人，亦靡不饶有建设之精神，实则破坏与建设，相倚而不可离。"（同上）他回顾五年来海外新思想的提倡，"固非尽蔑旧学也，以旧学之简单而不适应于时势也，而思所以补助之。且广陈众议，促思想自由之发达，以求学者之自择。而不意此久经腐败之社会，遂非文明学说所遽能移植。于是，自由之说入，不以之增幸福，而以之破秩序；平等之说入，不以之荷义务，而以之蔑制裁；竞争之说入，不以之敌外界，而以之散内团；权利之说入，不以之图公益，而以之文私见；破坏之说入，不以之箴膏肓，而以之灭国粹"。（同上，127—128页）这里提到的种种现象，大约都在讲一个"南橘北枳"的故事，自由、平等、竞争、权利、破坏等等新的思想，在西方的土壤中生长得如此茂盛，移植到中国来，却因水土不服而出现了异化、变质等问题，就像淮南的橘树，移植到淮北，就变成了枳树。面对这道看上去无解的难题，他感到"增无穷之沈痛也"，（同上，128页）他不知道，究竟是让拿来的东西适应新的环境，还是改造环境以接纳新的事物？但有一点他很清楚，就当下言之，却是私德之堕落阻碍了公德之发扬。

一般说来，公德私德本不该人为设限，德只能有一个，二者不是对立的，而是相辅相成的；无论东方西方，只要做有利于公益的事，就是有道德，只要做有损于公益的事，就是不道德。然而他又辩解说："容有私德醇美，而公德尚多未完者，断无私德浊下，而公德可以袭取者"。（同上，119页）他又引孟子的话，做进一步的发挥："古之人所以大过人者无他焉，善推其所为而已矣。公德者，私德之推也。知私德而不知公德，所缺者只在一推；蔑私德而谬托公德，则并所以推之具而不存也。故养成私德，而德育之事思过半焉矣。"（同上）这是他对公德与私德相关性的新认识，也是他重新思考破坏与继承所得到的新的收获。在这里，他对几年来关于新民的认知做了深刻的检讨：

> 吾畴昔以为中国之旧道德，恐不足以范围今后之人心也，而渴望发明一新道德以补助之。由今以思，此直理想之言，而决非今日可以见诸实际者也。夫言群治者，必曰德曰智曰力，然智与力之成就甚易，惟德最难。今欲以一新道德易国民，必非徒以区区泰西之学说所能为力也，即尽读梭格拉底、柏拉图、康德、黑智儿之书，谓其有"新道德学"也则可，谓其有"新道德"也则不可。何也，道德者行也，而非言也。苟欲言道德也，则其本原出于良心之自由，无古无今，无中无外，无不同一，是无有新旧之可云也。苟欲行道德也，则因于社会性质之不同，而各有所受。其先哲之微言，祖宗之芳躅，随此冥然之躯壳，以遗传于我躬，斯乃一社会之所以为养也。一旦突然欲以他社会之所养者养我，谈何容易耶？窃尝举泰西道德之原质而析分之，则见其得自宗教之制裁者若干焉，得自法律之制裁者若干焉，得自社会名誉之制裁者若干焉。而此三者，在今日之中国，能有之乎？吾有以知其必不能也。不能而犹云欲以新道德易国民，是所谓磨砖为镜，炊沙求饭也。吾固知言德育者，终不可不求泰西新道德以相补助，虽然，此必俟诸国民教育大兴之后，而断非一朝一夕所能获。而在今日青黄不接之倾，则虽日日闻人说食，而己终不能饱也。况今者无所挟持以为过渡，则国民教育一语，亦不过托诸空言，而实行之日，终不可期，是新道德之输入，因此遂绝望也。（同上，131—132页）

就像从共和、革命、破坏后退到开明专制、君主立宪一样，对于新民、新道德，梁启超也表现出一种由理想回归现实的姿态。他认为，既然淮南之橘在淮北有水土不服之忧，又何必非要移植于淮北呢？引进泰西新道德诚可补中国旧道德之不足，但必须是在国民教育大兴之后，如同淮南之橘要在淮北生长，**必要时双方都要有所改变一样**，断非一朝一夕所能实现。那么，现在我们能做些什么呢？他的意见，是首先解决"一国最少数之先觉、号称为得风气之先者、后进英豪"，（同上，134页）即青年革命者的道德问题，这是因为，"中国前途，悬于诸君，故诸君之重视道德与蔑视道德，乃国之存亡所由系也"。（同上，132页）有人质问他，今日国中，种种老朽社会，其道德上之黑暗，不可思议，为什么偏偏"责备于新学之青年"呢？他回答，这些老朽已是死亡之中国，"无可望，无可责者也"，只有"冀新学之青年"，或者可以向死而生。（同上，136页）

六、学问之道：正本、慎独、谨小

不过他说，当时新学界中，喜欢讲道德的人确实不少，但有一种倾向、一种偏颇，是将道德限制在知识的范畴内，动辄搬出宋元明儒学案，或者高谈英法德伦理学史，然而都是空谈，说得很漂亮，做起来就是另外一回事了。他看到时下那些新学青年，共学之时，可以发愿"将携手以易天下"，而"一旦出而共事，则各人有各人之性质，各人有各人之地位，一到实际交涉，则意见必不能尽同，手段必不能尽同，始而相规，继而相争，继而相怨，终而相仇"，至今也还没有学会妥协，学会协商。这种情况不仅"在异党派有然也，即同党派亦然"。其结果必不能"协同运动，组成一分业精密团结巩固之机体"。（同上，134—135页）他一再强调革命、破坏也要讲道德、讲秩序，就是看到了新学青年团体中的种种乱象，可能会事与愿违，南辕北辙。

这就是"为学日益，为道日损"吧。然而，知易行难，古有明训。真有求道之心，又何须取乎多言？"但使择古人一二语之足以针砭我而夹辅我者，则终身由之不能尽，而安身立命之大原在是矣。黄梨洲（黄宗羲）曰：'学问之道，以各人自用得著者为真。'又曰：'大凡学有宗旨，是其人之得力处，亦是学者之入门处。天下之义理无穷，苟非定以一二字，如何约之使其在我。'此诚示学者以求道不二法门哉"。（同上，137页）梁启超的这段话是想告诉我们，读书的目的，首先是求道，而求道必须确定其宗旨，没有宗旨，就会显得盲目而没有目标。所以黄宗羲说："学有宗旨，是其人之得力处，亦是学者之入门处。"宗旨不是别人强加给你的，是你根据自身条件选择的。

梁启超专门拈出"正本""慎独""谨小"这六个字与大家共勉。先说"正本"。所谓正本，即正本清源的简化，王阳明称作"拔本塞源"，意思是从根本上解决问题。他的《传习录》卷中有"答顾东桥书"，原书很长，书的最后一部分，具有相对独立的意义，回答和讨论了一些根本问题。王阳明去世后，他的弟子把这段文字独立出来，遂命名为"拔本塞源论"，使得此篇在理学史和思想史上都享有了特殊的地位。王阳明所说的拔本塞源，主要是针对着"私己之欲""功利之毒"而发的，梁启超引了其中的一段话：

圣人之学日远日晦，而功利之习愈趋愈下。其间虽尝瞽惑于佛老，而佛老之说卒亦未能有以胜其功利之心。虽又尝折衷于群儒，而群儒之论终亦未能有以破其功利之见。盖至于今，功利之毒沦浃于人之心髓，而习以成性也几千年矣。（相矜以知，相轧以势，相争以利，相高以技能，相取以声誉。其出而仕也，理钱谷者则欲兼夫兵刑，典礼乐者又欲与于铨轴，处郡县则思藩臬之高，居台谏则望宰执之要。故不能其事，则不得以兼其官；不通其说，则不可以要其誉；）记诵之广，适以长其敖也；智识之多，适以行其恶也；闻见之博，适以肆其辩也；辞章之富，适以饰其伪也。（是以皋、夔、稷、契所不能兼之事，而今之初学小生皆欲通其说，究其术。）其称名借（僭）号，未尝不曰吾欲以共成天下之务，而其诚心实意之所在，以为不如是则无以济其私而满其欲也。（呜呼！）以若是之积染，若是之心志，而又讲之以若是之学术，宜其闻吾圣人之教，而（视之）以为赘疣枘凿，（则其以良知为未足，而谓圣人之学为无所用，亦其势有所必至矣！）（同上，137页，又见王阳明著，张怀承注译《传习录》，154—155页，岳麓书社2004年1月版）

梁启超抄下这段话之后（括号中是我根据《传习录》补录的）马上感叹："何其一字一句，皆凛然若为今日吾辈说法耶。"（同上）梁启超所以会有这种感叹，就在于功利主义在当时大行其道，让他有一种伤心之痛。他这里所谓功利主义，指的便是为学不在"心髓入微处用力"，（同上，138页）而以为猎取声名利禄的工具。这也就是王阳明的"功利与非功利之辨"，目的是"拔本塞源"，恢复人们的本心。他很看不惯当时的学风和官场上的风气，认为士大夫的学风恶劣得充满了私欲和功利，已成为败坏社会风气的罪魁祸首。梁启超从王阳明这里得到启发，对当时许多爱国志士的行为发表看法，他认为，"有所为而为之与无所为而为之"（同上）是大不一样的。无所为而为之就是发乎本心，没有假借，爱国就是爱国，是自然而然的事。有所为而为之，就是借爱国之名谋求私利，满足私欲，想着爱国可能得到的好处。这种爱国者其实并不关心国家的命运，更不肯为国家放弃个人的一丝一毫，他们所关心的只是能从爱国中得到什么好处。但他又说，这些人并非本性恶，只是"学有未至"，少了些"拔本塞源"的功夫而已。（同上）有人质疑他对爱国者的批评，认为对爱国者不必苛求，"今日只当求爱国忘身之英雄，不当求束身寡过之迂士。既为英雄矣，即稍有缺点，吾辈当恕其小节，而敬其热心"。（同上）又说，当亡国之惨祸将要发生之时，我们需要的是"发扬蹈厉，龙拏虎掷之血性男子"，不需要"循规蹈矩，粹面盎背"的"腐败迂阔之人格"。（同上）梁启超也不喜欢束身寡过之迂士，他在《论公德》中对传统士大夫和某些官员中的这种行为有过尖锐的批评，但他在耳闻目睹了许多"革命"青年的"鬼蜮手段"之后，对"新党梦乱腐败之状"（丁文江、赵丰田编《梁启超年谱长编》，329页）尤为痛心，担心英雄百不得一，而不拘小节者倒有九十九个。他说，如果不在"心髓入微处用力"，那么，"束身寡过之虚伪与爱国忘身之虚伪，循规蹈矩之虚伪与龙拏虎掷之虚伪，正相等耳"。（梁启超著《饮冰室合集·专集》，138—139页）因此他说："拔本塞源论者，学道之第一著也。苟无此志，苟无此勇，则是自暴自弃，其他更无可复言矣。"（同上，139页）

再说"慎独"。王阳明说："谨独（即慎独）即是致良知。"（同上，139页）然而"致良知"又是怎样的一种学说呢？王阳明是心学大师，在他看来，心外无物，心外无理，物与理都包容在我的心中。良知就是人所固有的先验的知识，"见父自然知孝，见兄自然知弟，见孺子入井自然知恻隐，此便是良知"。（王阳明著，张怀承注译《传习录》，张怀承"前言"，9页）所以，良知不能从外在的客体获得，只能自己在心上体会，即用良知去正心，去掉人欲对良知的遮蔽，恢复良知固有的灵明。这就是所谓"致良知"，它凸显了道德生活的主体精神，张扬人的道德自觉。至于良知如何"致"，王阳明说："（尔那）一点良知，是尔自家的准则，尔意志着处，他是便知是，非便知非，更瞒他一些不得。尔只不要欺他，实实落落依着他做去，善便存，恶便去，何等稳当。"（转引自梁启超著《饮冰室合集·专集》之四，139页）梁启超赞叹道："此真一针见血之言哉！实则《大学》'所谓诚其意者毋自欺也'。"（同上）这就是说，当一个人直面自己内心的时候（返观内照），他不能对其良知视而不见，更不能自欺欺人。在这里，他不仅把王阳明与康德相提并论，甚至注意到西方的景教（基督教）在培育公民道德时所发挥的重要作用：信教者每天都要祈祷，凡此时，"必收视返听，清其心以对越于神明"，而且，"必举其本日中所行之事所发之念，而一一绅绎之"。（同上，140页）面对全知全能的上帝（相当于王阳明所说的良知），我们是没有办法欺骗他的，"故正直纯洁之思想，不期而自来，于涵养、省察、克治三者之功，皆最有助力，此则普通之慎独法也。日日如是，则个人之德渐进；人人如是，则社会之德渐进。所谓泰西文明之精神者，在是而已"。（同上，140—141页）他进一步指出："东西之教，宁有异耶？要之，千圣万哲之所以度人者，语上语下，虽有差别，顿法渐法，虽有异同，若夫本原之地，一以贯之，舍慎独外，无他法门矣。"（同上，141页）

三曰"谨小"。意思是说，不要因为事小而原谅自己。人有意志力薄弱的特点，"自治力常不足以自卫"，（同上）很容易被习惯左右，为自己的错误找出辩护的理由。这就是梁启超所说的："道心与人心交战之顷，彼人心者，常能自聘请种种之辩护士，设无量巧说以为之辞"。（同上）过去有一首诗说得好："闻道亦不迟，其奈志不立，优柔既养奸，便佞更纵敌。谓兹小节耳，操之何太急？谓是戒将来，今且月攘一。"（同上）这里所说，也是在告诫人们，不要因小失大，不要姑息养奸，不要觉得大家都这么做，我做了也没什么，不要被各种偏狭、文饰之辞迷惑，分不清是非善恶。王阳明的学生钱绪山说："学者工夫不得伶俐直接，只为一'虞'字作祟。"（同上）这个"虞"字，在这里相当于"欺"字，"良知是非从违，何尝不明？但不能一时决断，如自虞度日：此或无害于理否，（一）或可苟同于俗否，（二）或可欺人于不知否，（三）或可因循一时以图迁改否，（四）只此一'虞'便是致吝之端。"（同上）又说："平时一种姑容因循之念，常自以为不足害道，由今观之，一尘可以曚目，一指可以蔽天，良可惧也。"（同上）梁启超称赞他的这番话，"一字一句，皆为吾徒棒喝也"，（同上）而且是"一棒一条痕，一掴一掌血"，读者"皆宜发深省焉"。（同上，142页）深省的结果是使他看到，所谓小过者，其实是有因果的，也就是刘蕺山（宗周）先生所言："吾辈偶呈一过，人以为无伤，不知从此过而勘之，先尚有几十层，从此过而究之，后尚有几十层，故过而不已必恶，谓其出有源，其流无穷也。"（同上）梁启超由此得出结论："今吾辈之以不矜细行自恕者，其用心果何居乎？细行之所以屡屡失检，必其习气之甚深者也，必其自治之脆薄而无力者也。其自恕之一念，即不啻曰，吾身不能居仁由义，是并康德所谓良心之自由而放弃之也。必合此数原因，然后以不矜细行自安焉。是乌得更以小论也，而况乎以接为构，而日与相移，纯粹之德性，势不能敌旦旦之伐也。"（同上）

七、新民必备的两个条件

梁启超的《新民说》兼顾了私德、公德两方面，私德是基础，是前提，公德是私德的展开和提升，我们因此而联想到儒家传统的"内圣外王"，以及"修身齐家治国平天下"。德已如此，而这个民族的整体之能力却也不容乐观。首先是政治能力，"有国家思想能自布政治者谓之国民"。（同上，16页）这里，梁启超提出了作为新的国民必备的两个条件，一要有国家思想，二要能自布政治。

如何才算有"国家思想"呢？他认为，必须处理好四大关系："一曰对于一身而知有国家，二曰对于朝廷而知有国家，三曰对于外族而知有国家，四曰对于世界而知有国家。"（同上，16页）这四大关系所针对的都是中国传统思想资源中所缺失的内容，其一是讲人由于能群，而优于其他生物，人为了自身的生存和发展，只能寻求团结合作，互助互救，由小群而结为大群，最后成立国家，"国家之立，由于不得已也"。何谓不得已？就是为利益而结合，人们一旦意识到个人的能力是有限的，就产生了结为群体的动力，而欲结为群体，就必须放弃一些个人的利益，"每发一虑，出一言，治一事，必常注意于其所谓一身以上者"，并且强调，"非利群则不能利己，天下之公例也"。（同上）其二是为朝廷定位，朝廷不是国家，它只是管理国家的事务所，这在习惯了"溥天之下，莫非王土，率土之滨，莫非王臣"的中国人看来，怕是会有大逆不道之感。所以，长期以来，中国人只知有朝廷，不知有国家，以为爱朝廷就是爱国家，其实，大谬不然。其三，国与国之间常因各种利益而发生纷争，捍卫自己国家的权利不被他国侵犯，是每个国民的责任和义务，即使牺牲其生命，也义不容辞，"盖非是则其所以为国之具先亡也"。（同上，17页）其四，世界是由多个不同民族或种族所建立的国家组成的，有没有超越国家利益之上的东西？换言之，这些国家有没有可能结合成一个国家，实现天下大同？对此，梁启超曾经是持肯定意见的，他称赞康有为的大同思想，"其理想与今世所谓世界主义、社会主义者多合符契，而陈义之高且过之"。（梁启超著《清代学术概论》，82页）但是，他来到日本之后，接触到更多的西学，德国政治学家伯伦知理的国家有机体理论就在此时进入他的视野，使他从儒家传统政治哲学的"天下观"转向现代国家思想，开始描绘现代国家形象并思考如何建立一个宪政的民族国家。他把自己的这种变化称为"脱离理想界而入于现实界"，（梁启超著《饮冰室合集·专集》之四，17页）说到天下大同、万国合一的世界主义，他指出："今世学者非不知此主义之为美也，然以其为心界之美，而非历史上之美，故定案以国家为最上之团体，而不以世界为最上之团体。"他还把国家称作"私爱之本位而博爱之极点"，（同上，18页）其实是要确立国家在现实中至高无上的地位。

然而，"吾中国人之无国家思想也。其下焉者，惟一身一家之荣瘁是问，其上焉者，则高谈哲理，以乖实用也；其不肖者且以他族为虎，而自为其伥；其贤者亦仅以尧跖为主，而自为其狗也"。（同上，18页）他分析了中国国民目前的实际状况，"以言乎第一义，则今日四万万人中，其眼光能及于一身以上者几人？攘而往，熙而来，苟有可以谋目前锱铢之私利者，虽卖尽全国之同胞以图之，所弗辞也。其所谓第一等人者，则独善其身，乡党自好者流也"，他认为，这些人只顾享受国家的好处，却不肯承担应尽的义务，国家衰亡他们负有不可推卸的责任。第二义讲的是如何对待朝廷和君主，中国人把"忠""孝"二字看做是天经地义，二者缺一，就不是人了，但"使忠而仅以施诸君也，则天下为君主者，岂不绝其尽忠之路，生而抱不具人格之缺憾耶？则如今日美法等国之民，无君可忠者，岂不永见屏于此德之外，而不复得列于人类耶？顾吾见夫为君主者，为民主国之国民者，其应尽之忠德，更有甚焉者也。非父母无自生，非国家无自存，孝于亲，忠于国，皆报恩之大义，而非为一姓之家奴走狗者所能冒也"。所以他说，我们中国人把"忠"字作为"主仆交涉之专名"，真的是颠倒错乱啊。再说第三义，当国家遭遇外国（外族）的欺凌、蹂躏、侵犯时，国民是不是能够尽自己的义务，用生命和热血保卫祖国？他想到自己的家乡新会的崖山，当年这里曾经发生过南宋将军张宏范带领元军追杀宋朝皇帝的故事。陈白沙有一首《崖山吊古》诗，其中写道："镌功奇石张宏范，不是胡儿是汉儿。"他因而叹息："晋宋以来之汉儿，其丰功伟烈与张宏范先后辉映者，何啻千百！"他们哪里还有半点国家思想。至于第四义，涉及儒家的政治理想和观念，因为儒家所要处理的是春秋时期的社会现实问题，所以，他们"视国家为眇小之一物"，动辄"平天下，治天下"，这种"微妙之空言"，不仅不能对国家有所补益，反而使国家更加衰弱。总而言之，最核心的是两条："一曰知有天下而不知有国家；二曰知

有一己而不知有国家。"（同上，18—21 页）

以上是就国家思想层面而言，中国国民是不合格的；那么，实际操作的政治能力，即所谓自布政治，又如何呢？这也就是孔飞力所说的政治参与、政治竞争、政治控制，是改善中国国家机制及统治危机所必需的，也是中国国民最缺乏的。人们习惯于将国民政治能力的匮乏归咎于专制政体，这么说当然不能算错，梁启超也将数千年专制政体称为"催锄政治能力之武器"。（同上，152 页）但他同时提醒人们注意，"亦有在专制政体不能及之时、不能及之地、不能及之事，而吾民不克自发挥其政治能力如故也，是乃大可痛者也"。（同上，150 页）他甚至担心："中国人无政治思想，斯固然矣，虽然，吾以为今后之中国，非无思想之为患，而无能力之为患。"（同上，149 页）他的担心不是没有道理，因为，从世界历史提供的经验教训言之，一个国家能否成立，不能只看其国民思想如何高级，还要看其有无建国的政治能力。譬如说到中国，"自黄帝以来，立国数千年，而至今不能组织一合式有机完全秩序顺理发达之政府者，其故安在？一言以蔽之，亦曰无政治能力而已。"（同上，150 页）那么，他这里所言政治能力，又何所指呢？

八、非有自治，则无以言国治

首先是自治的能力。这种能力在清末已有一定程度的体现，故武昌兵变后不久，全国便有十数省宣布独立，并初步建立了地方政治行政机构。而在此之前，梁启超上溯"秦末、西汉末、东汉末、唐末、元末、明末之故事"，断定这种事绝不可能发生。只有春秋战国是个例外，那倒是个"脱离中央政府别成一行政区域之时代"。（同上，150 页）此外则只有中央集权或地方豪强的武装割据。他还以中国的海外移民为例，指出："若夫自明末以来，数百年间，我民自殖于南洋群岛者，以数百万计，至今日即以暹罗一国论，而隶华藉者已百余万，新嘉坡、庇能噶罗巴等处称是。若此者，我中央政府视为化外，其权力非直不能及，抑亦不屑加也。顾何以戢戢受羁轭若牛若马，其甚者，如荷兰属法属之侨民，笞畜刲割，曾羊豕之不若。抑海峡殖民地诸岛，多由我民筚路蓝缕，与天气战，与野兽战，与土蛮战，停辛贮苦，以启其地，顾不能自建设自约束，而必迎西方之强者以镇抚我，则又何也？夫前事不必道矣，其在今日，卧榻已属他人，座间宁容卿辈？吾民不能以政治团体自见于彼地，犹可言也，若夫今日美洲、澳洲诸地，吾民散居者，亦不下数十万，其地之法律，固自由也，平等也，而吾民又与彼之国民同受治于一法律之下者也，集会言论之自由，一无所禁者也。顾何以英人不满四千之上海，百废具举，纯然为一小政府之形，而华人逾三万之旧金山，竟终岁干戈相寻，不能组成一稍有力之团体也？"（同上，150—151页）

这些都证明了中国国民的政治能力的确很薄弱。我们固然不必苛责殖民南洋的先民，能像当年来自英荷的殖民者一样，在这里创建一个新的国家，但其自治能力之低下实在是惨不忍睹。经过在美国长达十个月的实地考察，梁启超是深信这一点的。他的《新大陆游记》曾对旧金山华人社会的状况有过非常翔实的记载，他甚至有些激愤地写道："吾观全地球之社会，未有凌乱于旧金山之华人者。"（梁启超著《饮冰室合集·专集》之二十二，122页）他也曾对数十处海外中华会馆进行过深入考察，发现"其现象不外两端，（其一）则一二上流社会之有力者，言莫予违，众人唯诺而已，名为会议，实则布告也，命令也，若是者，名之为寡人专制政体；（其二）则所谓上流社会之人，无一有力者，遇事曾不敢有所决断，各无赖少年，环立于其旁，一议出则群起而噪之，而事终不得决。若是者，名之为暴民专制政体"。（同上，123页）而且，"不徒海外之会馆之为然也，即内地所称公局、公所之类，何一非如是？即近年来号称新党志士者所组织之团体，所称某协会某学社者，亦何一非如是"？（同上）当然不能责备哪一个人，整个国家的国民都处于这样的水平，或浑然如一盘散沙，或只听一个声音。又要说到我们的传统了，从治人到治于人，中间独缺"自治"这个环节。而这恰恰是西方国家的强项，"其在欧美，无论一市一区一村一公司一学校，凡一切公私之结集，无不为政府之缩影"。（梁启超著《饮冰室合集·专集》之四，151页）

人不能无治，无论自治还是治于人，因为不治则乱。在人性恶者看来，"人之性质，万有不齐，驳杂而无纪。苟顺是焉，则将横溢乱动，相鬭相阋而不可以相群，于是不可不以人为之力，设法律而制裁之。"但是，治于人的法律与自治的法律还是有区别的，后者"非由外铄也，非有一人首出，制之以律群生也。盖发于人人心中良知所同然，以为必如是乃适于人道，乃足保我自由而亦不侵人自由。故不待劝勉，不待逼迫，而能自置于规矩绳墨之间，若是者谓之自治"。（同上，51—52页）说到底，"自治云者，与彼霸者之所束缚，儒者之所矜持，固有异焉矣。何也，彼则治于人而此则自治也"。他这时的想法已经脱离儒家思想的轨道，而试图探寻一种新的可能性。这种可能性就在"自治"之中。事实上，中国历来不缺规矩绳尺，国家有宪令，圣贤有条训，但没有人遵守，"望其官府，则魑魅罔两所出没，黑暗诡僻，无复人道也；察其民间，则盗贼之薮，贪诈之府，与野蛮时代未立政府者，无以异也"。原因何在？"以不能自治故。不能自治而待治于人，未能真能治焉者也"。（同上，52—53页）

自治的真精神，归根结底就一条，"有制裁，有秩序，有法律"而已。"国有宪法，国民之自治也；州郡乡市有议会，地方之自治也；凡善良之政体，未有不从自治来也"。（同上，53—54页）如今很多人在"言民权，言自由，言平等，言立宪，言议会，言分治"，然而，我国国民"将来能享民权、自由、平等之福与否，能行立宪、议会、分治之制与否，一视其自治力之大小强弱定不定以为差"。（同上，54页）也就是说，"一完全高尚之自由国、平等国、独立国、自主国"（同上）能不能崛起于东方，关键在于中国国民能否像益格鲁撒（克）逊人那样，成为一个"有制裁，有秩序，有法律"，富有自治力的民族。因此他又说："群之自治之极者，举其群如一军队然，进则齐进，止则齐止，一群之公律罔不守，一群之公益罔不趋，一群之公责罔不尽，如是之人，如是之群，而不能自强立于世界者吾未之闻也，不如是焉，而能自强立于世界者吾未之闻也"。（同上，52页）

　　这固然是从国家的角度立论，与其所追求的宪政目标，自有其难以调和的内在矛盾。有人就曾质疑，机器是无精神之物，而军队是最不讲自由、自主、自治的，你却用来比喻"群之自治"这样的美德，岂不是"扬其毒以毒将来"吗？他的辩称似乎并不十分有力，仅立足于个人道德之完善，以及个人参与政治的可能性，他说："军队之形式专制也，而有其精神焉，一群如一军队，其军队之将帅，则群中人人之良心所结成的法律是也。故制则制矣，而不可谓之专，以其法律者出自众人，非出自一人。是人人为军队中之小卒，实无异人人为军队中之主帅也。"（同上，52页）因此，在他看来，自治就包括了两个层面，其一，"求一身之自治"，也就是儒家所谓修身，他一再推崇曾国藩自我自克的能力，就是要告诉人们，"制之有节，行之有恒，实为人身品格第一大事"。（同上，53页）其二，"求一群之自治"，在这里，他更加强调法律、秩序的重要性。他非常欣赏西方人即使日用起居，也讲规矩、守制度，而且，"上自君相官吏，下至贩夫屠卒，莫不皆然"，他断定："今日之泰西，其能整然秩然举立宪之美政者，皆自此来也。"（同上）

九、梁启超对西方思想的"误读"

　　但是，梁启超所期待于国民的自治精神，实行起来还是很有难度的。综观欧美自治传统的形成，有赖于两种思想资源的存在，其一为基督教的自由平等价值观，这是十四五世纪以来宗教改革的产物，梁启超说："马丁路得兴，一抉旧教藩篱，思想自由之门开，而新天地始出现矣。"（同上，41页）其二便是自然法和自然权利的思想，这在十七世纪英国思想家洛克那里已有非常清晰的表述。当时，中国人热衷于言自由、言权利者多有之，至少在戊戌变法（1898）之前，梁启超便已经常使用西方民主思想中民权、民主、议会等这样一些概念。随着变法失败，梁启超被迫东渡日本，反而因祸得福，有了大量阅读西方自由主义理论著作的机会，并且表现出积极吸收西方思想以解决中国所面临的实际问题的姿态和倾向。特别是约翰·穆勒和卢梭的思想，被梁启超看做是矫正传统专制主义，以及中国人奴性人格的有效办法。在日本最初几年所作文章中，梁启超经常提到他们。但是，我们不能忘记梁启超接受西方思想的前提或出发点，即优先考虑中国的独立和强盛，即使在思考自由主义和自然权利学说时，也常常站在国家主义和民族主义的立场。他这时的思想，也比较多地表现为东西方多种思想的混搭与综合。他所说的"采补其所本无而新之"，便充分体现了梁氏"拿来主义"的基本特征。他的"新之"，或者就是为我所用的一种解读，难怪张灏将他的表现概括为"一种折衷主义"，并且指出："在讨论自由主义的理想时，他引用了约翰·穆勒和卢梭的著作，而没有认识到英国的自由思想和法国的自由思想之间的重大区别。并且，令人难以理解的是，梁的社会达尔文主义世界观倾向没有阻止他对有关自然权利和社会契约的传统的自由主义理论表示赞赏，而这一理论与达尔文学说是不相符合的。"（张灏著，崔志海、葛夫平译《梁启超与中国思想的过渡（1890—1907）》，136页）

尽管梁启超很快就因自然权利学说可能助长无政府主义，并导致暴力推翻政府，从而给群体凝聚力和国家统一带来危害，主动选择了放弃卢梭，但他其实并没有完全放弃自然权利和社会契约的思想，只不过他把这种思想纳入国家主义和民族主义的背景，他所关心的首先不是个人权利，而是中国民族国家的权利。

梁启超对于自由主义价值观和自然权利思想的"误读"，还有一个更加直接的原因，即他的学识和修养并不能提供充分理解它们的思想文化背景，这也就是说，在中国文化传统中找不到这两种在西方被认为对每一个社会的每一个人都是正当合理的和普遍适用的思想资源。所以，我们也很难要求梁启超找到两种文化之间的对应点，尽管他热衷于以传统儒学解释西方的思想学说。以自由主义价值观为例，按照最一般性的解释，它应该包含这样一些内容：首先，契约概念，这是西方民主政治的先声，然而，它源于清教徒社会组织建立的三大契约，即天恩之约、教会之约和公民之约，"但契约理论彻底否定了君权神授，将治者与被治者的关系，视为双方自愿的契约关系，这就暗示政府权力的合法性建立在被治者的同意之上。这一转变为自由主义的产生进行了许多铺垫，包括天赋人权的自然权利理论、人生而平等的理论，以及限制世上一切权力的宪政理论"。其二，政治自治，也就是公民参政议政的权力，从宗教的公理会，引申到政治领域，就是乡镇议会，成为民主政治的雏形。第三即个人意识，"路德领导的宗教改革否定了罗马天主教对基督教的全面控制，也取消了教会作为上帝与信徒个人之中介的地位，原先教会所承担的责任都归到个人名下。新教徒需要凭借《圣经》对事情作出自己的判断，而不仅仅是紧跟教会，人云亦云，由此个人的良知和判断就显得格外重要。由于和上帝的直接交流，个人也因此具有了更多以前难以想象的尊严"。第四，资本主义。第五，有约束的个人自由。"自由主义理解的个人是自利的，但也是有理性的。正因为如此，人才依据自利的原则行事，才能对自己的行为负责，才可自我管理和接受管理。在清教的训练下，个人必须经常反省，必须对自己对社会负起责任，这就为自由主义的实施创造了条件"。（以上参阅钱满素著《美国自由主义的历史变迁》，9—12页，生活·读书·新知三联书店2006年5月版）

梁启超对自由主义的理解明显带有实用主义的色彩，而且显得比较随意。首先，梁启超认为："综观欧美自由发达史，其所争者不出四端：一曰政治上之自由，二曰宗教上之自由，三曰民族上之自由，四曰生计上之自由（日本所谓经济上自由）。政治上之自由者，人民对于政府而保其自由也；宗教上之自由者，教徒对于教会而保其自由也；民族上之自由者，本国对于外国而保其自由也；生计上之自由者，资本家与劳力者相互而保其自由也。而政治上之自由，复分为三：一曰平民对于贵族而保其自由；二曰国民全体对于政府而保其自由；三曰殖民地对于母国而保其自由是也。"（梁启超著《饮冰室合集·专集》之四，40页）这里涉及的问题有六个：四民平等问题、参政权问题、属地自治问题、信仰问题、民族建国问题和工群问题。梁启超把这六大问题分为三类，一类是与中国无关的，比如四民平等问题，他认为中国没有，因为早在战国之后，世卿制就废除了，"阶级陋习，早已消灭"；属地自治问题，中国也没有，因为中国根本就没有海外殖民地；信仰问题，中国也不存在，因为中国是个非宗教国家，数千年无教争也。最后一个工群问题，属于第二类，将来可能发生，今日却非当务之急，有待于中国经济的高度发展。第三类，即参政权问题和民族建国问题，才是"今日吾中国所最急者"。他进一步强调指出："此二者，事本同源，苟得其乙，则甲不求而自来；苟得其甲，则乙虽弗获犹无害也。若是夫吾侪之所谓自由，与其所以求自由之道，可以见矣。"（同上，44页）

张灏根据卡尔·弗里德里克的自由理论对梁启超的自由思想进行了分析。弗氏把自由分为独立的自由与参与的自由，这恰好暗合了梁启超的看法，所谓自由即团体的自由与政治参与的自由。他比较多地强调前者，认为这是文明的重要标志："自由云者，团体之自由，非个人之自由也。野蛮时代个人之自由胜，而团体之自由亡；文明时代团体之自由强，而个人之自由减。"（同上，44—45页）他认为，如果单讲个人自由，中国人又何尝不自由呢？"绅士武断于乡曲，受鱼肉者莫能抗也；驵商逋债而不偿，受欺骗者莫能责也。夫人人皆可以为绅士，人人皆可以为驵商，则人人之自由亦甚矣。不宁惟是，首善之区而男妇以官道为圊牏，何其自由也；市邑之间而老稚以鸦片为菽粟，何其自由也"。（同上，45页）但这只能称之为"野蛮自由"，正是文明自由的蟊贼。"文明自由者，自由于法律之下，其一举一动，如机器之节腠，其一进一退，如军队之步武"。为什么一定要这样呢？"天下未有内不自整，而能与外为竞者。外界之竞争无已时，则内界之所以团其竞争之具者，亦无已时。使滥用其自由，而侵他人之自由焉，而侵团体之自由焉，则其群固已不克自立，而将为他群之奴隶，夫复何自由之能几也。故真自由者必能服从，服从者何？服法律也。法律者，我所制定之，以保护我自由，而亦以箝束我自由者也"。（同上，45页）

十、梁启超的自由观

就像革命还是立宪曾让梁启超游移不定一样，自由还是秩序，也让他大费周折。而这也许正是中国现代国家建构过程中"政治参与""政治竞争"与"政治控制"此消彼长在梁启超身上的某种映射。在这里，梁启超并未完全否定个人自由，但他把个人自由理解为一种精神上的解放。所以他说："人之奴隶我不足畏也，而莫痛于自奴隶于人；自奴隶于人犹不足畏也，而莫惨于我奴隶于我。"这是一种丧失了精神自我的痛苦，他相信，只有精神上的我战胜了肉体上的我，我才能获得真正的自由。如何才能破除心中之奴隶（即王阳明所说心中之贼），他认为应从四个方面入手：第一，"勿为古人之奴隶也"，鼓励人们破除对于"四书六经"的迷信，他说："我有耳目，我物我格，我有心思，我理我穷。高高山顶立，深深海底行，其于古人也，吾时而师之，时而友之，时而敌之，无容心焉，以公理为衡而已。自由何如也。"第二，"勿为世俗之奴隶也"，就是要克服人性的弱点，不随大流，"俯仰随人，不自由耳"。第三，"勿为境遇之奴隶也"，主张"与天争胜"，提倡积极进取的冒险精神，贫贱不能移，富贵不能淫，威武不能屈。第四，"勿为情欲之奴隶也"，如果前三者为客观，此即为主观；前者为外，此即为内；前者为身，此即为心。但仍强调心不为外物所诱惑，警惕心为形役。他颇看重西方宗教精神，以为"藉此以克制情欲，使吾心不为顽躯浊壳之所困，然后有以独往独来，其得力固不可诬也"。他注意到，日本维新志士也从王阳明的学说和禅宗中汲取道德精神力量，他对曾国藩的"困知勉行，励志克己"也很欣赏，以为他所以获得成功，就有赖于这种自胜自强的精神。（同上，47—50页）

梁启超把儒家的修身克己之功与个人自由联系起来，则比较好地解决了团体自由与个人自由、公德与私德之间的矛盾，使其成为一个统一体。他又说，人有两种当尽之责任，一种是对别人（团体）的责任，一种是对自己的责任。个人对于自己没有尽到责任，伤害的不仅仅是自己的利益，更严重的是会伤害群体的利益。因此，他把西方的天赋人权理解为上天赋予万物的自我保护的能力。禽兽都有保全生命的本能，何况贵于万物的人类呢？而人与禽兽的区别就在于，禽兽只知道保护自己的肉体，即"形而下"之生存，人类则更进一步，不仅懂得保护"形而下"之生存，尤其要保护"形而上"之生存，也就是人的权利和尊严。他写道："号称人类者，则以保生命保权利两者相倚，然后此责任乃完。苟不尔者，则忽丧其所以为人之资格，而与禽兽立于同等之地位。"他进而痛下断言："故形而下之自杀，所杀者不过一人，形而上之自杀，则举全社会而禽兽之。且禽兽其苗裔以至于无穷，吾故曰直接以害群也。"（同上，31 页）

现在人们常常说到启蒙，启什么蒙？很重要的一点，就是要使人们明白自己拥有哪些权利。梁启超说："无权利思想者，虽谓之麻木不仁可也。"（同上，32 页）这种麻木不仁恰恰是数千年专制统治强加给中国民众的，一代复一代的精神遗传，使得我们身上几乎不可避免地承载着深重的奴性，除了愚昧、盲从、迷信和忍耐，我们根本无法设想人还可以有另外一种生活态度。这时的梁启超已经意识到，中国传统文化中有一种鼓励人们逆来顺受的人生哲学，在它的熏陶下，中国民众养成了一种根深蒂固的退让和屈从的性格，很难在生存竞争中勇敢地面对强权的压迫和挑战。他说：

吾中国先哲之教：曰宽柔以教，不报无道；曰犯而不校；曰以德报怨，以直报怨；此自前人有为而发之言，在盛德君子偶一行之，虽有足令人起敬者，而末俗承流，遂藉以文其怠惰恇怯之劣根性，而误尽天下。如所谓百忍成金，所谓唾面自干，岂非世俗传为佳话者耶？夫人而至于唾面自干，天下之顽钝无耻，孰过是焉？今乃欲举全国人而惟此之为务，是率全国人而为无骨无血无气之怪物，吾不知如何而可也。中国数千年来，误此见解，习非成是，并为一谈，使勇者日即于销磨，怯者反有所藉口，遇势力之强于己者，始而让之，继而畏之，终而媚之，弱者愈弱，强者愈强，奴隶之性，日深一日，对一人如是，对团体亦然，对本国如是，对外国亦然。以是而立于生存竞争最剧最烈之场，吾不知如何而可也。（同上，35 页）

梁启超对中国传统文化的怀疑，最初集中于道家，他与谭嗣同都对老子的无为和忍让提出过批评，认为是影响中国人性格的重要因素。这时他进而怀疑到儒家"仁"的理想，他对比中西，中国喜欢说"仁"，西方侧重讲"义"。前者作为价值观，倾向于强调人与人之间和谐相处的重要性，而忽视自身行为的权利与利益；后者则注重于自身权利与利益，"我不害人，而亦不许人之害我"。（同上，35页）就目前中国的人权状况而言，他认为，讲"义"比讲"仁"更显得迫切。以仁的精神善待他人，固然不伤害他人自由，但是，期待他人以仁的精神善待自己，却是放弃自由。"仁焉者多，则待仁于人者亦必多，其弊可以使人格日趋于卑下。（欧西百年前以施济贫民为政府之责任，而贫民日以多，后悟此理，釐而裁之，而民反殷富焉。君子爱人以德，不闻以姑息，故使人各能自立而不倚赖他人者上也，若曰吾举天下人而仁之，毋乃降斯人使下己一等乎）若是乎仁政者，非政体之至焉者也，吾中国人惟日望仁政于其君上也，故遇仁者焉，则为之婴儿，遇不仁焉者，则为之鱼肉。古今仁君少而暴君多，故吾民自数千年来祖宗之遗传，即以受人鱼肉为天经地义，而权利二字之识想，断绝于吾人脑质中者固已久矣"。（同上，35—36页）

梁启超进而提到了杨朱。此人与墨子相对立，是历史上有名的利己主义和个人主义。梁启超说，我过去非常"深恶痛恨其言"，其实后来他也很少提及此人的学说，他在考察第一次世界大战后的欧洲时，甚至专门反思"自己本位的个人主义"给世界文明带来的危害，认为这次世界大战的起因，"实由于此"。但此时此刻，他却从杨朱"人人不损一毫，人人不利天下，天下治矣"的议论中，发现了他想要的东西。他固然不赞成杨朱所说的"拔一毛而利天下，不为也"，斥之为"公德之蟊贼"，但他还是看到了"人人不损一毫"的积极意义，即个人权利得到了保障。从这个意义上说，在中国，杨朱就是人的自然权利的先知先觉。如果人人都能觉悟到自己的权利，并且奋不顾身地保护自己的权利，就没有人敢于损害他人的权利，"故曰天下治矣，非虚言也"。他说："西哲名言曰：人人自由而以他人之自由为界，实即人人不损一毫之义也。"（同上，36页）但是，历史上对于杨朱的误读，恰恰就在于"惟熏染其人人不利天下之流毒，而不能实行其人人不损一毫之理想也"。（同上，36页）他认为，这是中国人权利思想薄弱造成的。现代学者贺麟、吕思勉等，也有类似的看法，并不同意简单化地把杨朱的思想等同于自私自利的个人主义，他们也认为，在其思想中的确包含着既不损己以利他人，也不损人以利己的自由主义的先声。

很显然，梁启超所以看重杨朱的"人人不损一毫"，不是鼓励人们做"一毛不拔"的小人，而是做勇敢维护个人权利的强者。而个人权利要想得到最有效的保护，除了立法，没有更好的途径。"故有权利思想者，必以争立法权为第一要义"。（同上，37页）立法权是公民政治权利的一部分，也是公民政治参与、政治能力的一种表现。但是，立法权最初并不在多数人手里，而是由少数人操纵立法，强迫多数人接受。改变这种状况的前提，就是多数国民觉悟到自己拥有这种权利，这就是公民权利意识的觉醒，"权利思想愈发达，则人人务为强者，强与强相遇，权与权相衡，于是平和善美之新法律乃成"。（同上，37页）现在我们常说政治素质，何为政治素质？张明澍在其所作《中国"政治人"——中国公民政治素质调查报告》中对此有过明确的论述，他认为："政治素质大致上由三个部分构成。第一，政治观念，或曰政治参与态度，简称参与态度。它是政治素质的核心部分，在政治素质中起着决定性的作用。它包括政治信仰、政治理想，对政治本身的看法，即对政治的价值评价，以及对参与政治的态度和政治意识。"他所说的第二部分，是指"政治知识和政治技术"；而第三部分则指"参与经历"。（张明澍著《中国"政治人"——中国公民政治素质调查报告》，4—7页，中国社会科学出版社1994年1月版）这三个部分各有其作用，故不待言，但在梁启超的时代，首先要解决的，既不是第二部分的知识与技术，也不是第三部分的经验，而是第一部分的政治观念、政治意识，也就是积极、自觉参与政治的愿望，包括他一再强调的政治能力，也不过是立法权和参政权而已。这是因为，他相信，只有广泛的政治参与，才能建立一个独立于世界之林的强大民族国家。

这就使得"新民"或启蒙的重要性和迫切性更加突出。癸卯年（1903）元旦，梁启超发表新年献辞，奉告国民不要再寄希望于清政府，"自今以往，我国民真不可不认定一目的，求所以自立于剧烈天演界之道"。（梁启超著《饮冰室合集·文集》之十四，24 页）无论你是向往政府、崇拜政府，还是责备政府、怨詈政府，而事实上，政府已经不可救药，要救国，要自救，都只能依靠我们自己。他说："故吾辈今勿徒艳羡民权，而必当预备其可以享受民权之资格。此格既备，虽百千路易十四为之君，百千梅特涅为之相，未有能压制焉者也。此格不备，虽无压制，又将奈何？吾以为自由权者必非他人所能夺也，惟有弃之者，斯有夺之者。我既弃矣，人亦何惮而不夺？虽不夺矣，我独能自有乎？故我国民勿徒怨政府詈政府而已，今之政府，实皆公等所自造，公等不好造良政府，而好造恶政府，其又谁尤也。"（同上，25—26 页）这正是他新年所希望于国民者。

第六章

革命易成与立宪难成

一、立宪感动中国

光绪丙午年（1906）七月十三日上谕宣称，大清朝将"仿行宪政，大权统于朝廷，庶政公诸舆论，以立国家万年有道之基"。（上*海商务印书馆编译所编纂《大清新法令》第一卷，37页*）

这是中国官方承诺实行宪政之始。但立宪的鼓吹，却由来已久。梁启超的宣传倡导且勿论，至少在庚子（1900）事变之后，清政府谋求革新，庆亲王奕劻及地方督抚张之洞、刘坤一也都积极地倡导变革。光绪庚子年（1900）十二月初十日，因八国联军侵占北京而逃亡西安的清政府，发布"变法"上谕，要求军机大臣、大学士、六部九卿、各省督抚，"参酌中西政要"，各举所知，于两个月内详悉条议复奏。时任两江总督、南洋大臣的刘坤一与湖广总督张之洞，联衔会奏三折，史称"江楚会奏变法三折"。他们提出的主张，主要为学习"西政西学之精要"，引进西方的工农业生产方式、兵制操法、武器装备、某些法律制度和行政措施等，尚未言及施行宪政之意。（*张之洞等著《筹议变法拟采用西法折》，苑书义主编《20世纪中国经世文编》一，清末卷，3—25页，中国和平出版社、天津教育出版社1998年9月版*）

立宪的要求，最初是在民间。第一次甲午中日战争向人们宣示了君主立宪制优于君主专制的事实，但尚未得到人们的普遍认同。直到光绪甲辰年（1904）日俄战争爆发，才有更多的人从立宪、专制两种体制的不同来认识这场战争。结果，日胜俄败，国人自然以立宪战胜专制来解读这场战争。朝野上下同为立宪之主张，就勃发于此时，并渐渐形成了一股潮流。《新民丛报》转载上海《时报》文章《论俄罗斯致败之由》，作者写道："观全地球近五十年来之兵事，其在两专制国或两自由国相遇，则胜负之数，盖未可定。若夫专制国与自由国相遇，则专制国未有能支者也。"他以普法战争、美西战争、中日甲午战争和此番日俄战争为例说明："夫战胜者，非恃战也，而恃所以为战。所以为战者，非将帅勇敢之谓，非军队强大之谓，非器械精良之谓，非训练精熟之谓，非饷源充实之谓，非地势形便之谓，所以为战者，独一无二，则人人皆自为战而非为他人战是已。欲人人自为战而非为他人战，非立宪自由国势所不能。"（中国近代期刊汇刊第二辑《新民丛报》第八册，6737 页，《新民丛报》第四六至四八号合本，267 页，中华书局 2008 年 4 月版）所以，不仅俄国人民奋而发出立宪的吁求，中国人也把国家富强的希望寄托在立宪身上。当时，思想趋新的士绅都热衷于谈论立宪。南通人、光绪甲午年（1894）状元、后来做了立宪派领袖的张謇，是主张"实业救国""教育救国"的，癸卯年（1903）八月，他写信给时任南洋公学监督的沈子培（曾植），就谈到"世界宪法"。第二年三月间，他又与两湖书院监督、合肥人蒯光典讨论立宪之事。四月，他还为张之洞和魏光焘代拟了请求立宪的奏稿。六月，他刻印了《日本宪法》十二册，由赵竹君（凤昌）寄给赵小山（庆宽）。后者为醇邸（醇亲王奕譞府邸）旧人，经他手，这套书得以送达内廷。据说，"此书入览后，孝钦太后（慈禧）于召见枢臣时谕曰：日本有宪法，于国家甚好。枢臣相顾，不知所对，唯唯而已"。搞得瞿鸿禨甚至很紧张，赶忙命其七弟到上海，托赵凤昌选购宪法各书，却不知道赵凤昌就是刻印宪法之人。他笑话这些人："枢臣奉职不识古义，沴政不知今情，以是谋人家国，宁有幸乎。"八月，又刻印了《日本宪法义解》《议会史》，送给侍郎铁良，并与他讨论宪法。（北京图书馆编馆藏珍本年

谱丛刊 183 册《啬翁自订年谱》下卷，光绪二十九年、三十年部分，15—17 页，北京图书馆出版社出版）

最初，对立宪颇感兴趣的还有徐世昌、端方、载振、岑春煊等人，出使各国大臣也都会衔奏请宣布立宪，而以驻法公使孙宝琦的上书最为轰动，他于光绪三十年（1904）上书政务处，请朝廷仿行英德宪法，将政务处改为上议院、都察院改为下议院。孙氏所言并不比戊戌变法期间人们对立宪的认识更新鲜，但由于言得其时，遂颇为舆论界所重视，响应亦很热烈。天津《大公报》发表《论中国立宪之要义》一文，作者认为："中国不立宪则已，如立宪，必宜取立宪君主国之宪法，参观而仿效之。"但立宪君主国如英、德、日三国，宪法各不相同，其中既有成文法与不成文法的区别，又有联邦制与非联邦制的区别，这些都是中国在选择立宪模式时需要考虑的。"谓其种同、其文同、其洲同、其国政风俗与中国相去未远者，厥惟日本，中国立宪，似以取法日本之宪法为宜"。这在当时是相当普遍的看法，但即使如此，日本也有与中国大相反对之事，譬如"日本从建国以来，一姓相承，至今未替；中国则朝代屡易，姓氏迭更"。所以，"中国苟终不欲立宪则无庸议矣，倘果欲立宪，则必先研究中国国体之性质及国民之习惯，以为规定宪法之基，然后再参考各君主国之宪法，以资借镜"。（张枬，王忍之编《辛亥革命前十年间时论选集》第一卷下册，942 页，生活·读书·新知三联书店 1960 年 4 月版）

光绪甲辰年（1904）前后立宪运动的不断高涨，终于促使清政府迈出了预备立宪的第一步。乙巳年（1905）八月，五大臣受命出洋考察宪政，临行前，在北京前门火车站遭遇炸弹，暂为其所阻，延至十一月，最终成行，似乎炸弹已不能阻挡清政府立宪的进程。杜亚泉指出："吾国立宪之主因，发生于外界者，为日俄战争；其发生于内部者，则革命论之流行，亦其有力者也。二主因以外，则疆吏之陈请、人民之请愿，皆立宪发动之助因，有足纪者。"（杜亚泉等著《辛亥前十年中国政治通览》，24页）还有一个很重要的原因，即康、梁在海外的鼓吹。梁启超主持的《新民丛报》于鼓吹立宪是最为用力的。同时，他与清宗室的端方一直有频繁的书信往来，他与朝廷重臣戴鸿慈亦暗通关节，所以才有后来由梁氏捉刀代笔，为出洋考察宪政的五大臣草拟报告之事。据夏晓虹考证，梁启超为清政府所派出使各国考察宪政大臣瞿鸿禨与端方代拟的奏稿共有五件，即《请定国是以安大计折》《请改定官制以为立宪预备折》《请定外交政策密折》《请设财政调查局折》与《请设立中央女学院折》。提议邀请梁启超捉刀代笔，并直接到日本去见梁启超的，极有可能是戊戌变法前与梁共同参与湖南新政的旧交熊希龄，但敢于作出决断者，则非清宗室的端方莫属。梁启超在《上端方书》中说得很明白："秉三（熊希龄字）东来，以尊（指端方）命委嘱各件，谨已蒇事，想早达记室。末学菲材，率尔操觚，不识尚可采用否？伏希教之。"（《现代中国》第十一辑，8页，北京大学出版社2008年9月版）

端方（1861—1911），字午桥，满洲白旗人，光绪八年壬午（1882）举人，是清宗室中很少有的开明人士，戊戌变法时期即倾向维新，此后亦对康、梁的遭遇深表同情。光绪三十年（1904）五月，清政府下诏解戊戌党禁，除康有为、梁启超外，其余有关人员一律宽免，已被革职者恢复原衔，被关押监视者亦全部开释，据说，就是听取了端方的建议。有一则传说，足以证明端方对于慈禧下决心仿行立宪所起的作用：乙巳年（1905），慈禧召见端方，知道他是戊戌党人，因而问道："新政已皆举行，当无复有未办者？"端方说："尚未立宪。"慈禧素闻立宪是讲民权民主的，突然变色道："立宪如何？"端方赶忙说："立宪则皇上可世袭罔替。"慈禧因此而心有所动，尽管她对皇上可以世袭罔替未必就感兴趣。（魏元旷撰《坚冰志》，见《魏氏全书》，中国史学会主编，中国近代史资料丛刊《戊戌变法》

四，313 页）于是便有了五大臣出使各国考察宪政之举，他们分两批先后出洋，归来亦自行其事，并非同时。端方、戴鸿慈带着梁启超所拟奏稿回国后，马上入朝接受慈禧的召对，并事先呈递了《请定国是以安大计折》与《请改定官制以为立宪预备折》。其中最让慈禧老佛爷动心的，恐怕还是梁启超在奏折中一再申述的立宪政体"君主无责任"之论。君主既对于国政之优劣不负直接责任，又不失"神圣不可侵犯之权"，何乐而不为呢？所以，经过御前会议两天的辩论，主张实行宪政的意见最终占了上风，清政府遂于光绪三十二年七月十三日（1906 年 9 月 1 日）颁布了预备立宪的诏旨，并于第二天颁布了"编纂官制"的上谕，"饬令先行厘定官制"，并着派载泽、载振、铁良、张百熙、戴鸿慈、徐世昌、袁世凯等"公同编纂"。同日，已被任命为两江总督兼南洋大臣的端方，又被要求协同张之洞、周馥、岑春煊等地方官员，"选派司道大员来京随同参议"，并由庆亲王奕劻、孙家鼐、瞿鸿禨等三位宰辅大臣"总司核定"。（故宫博物院明清档案部编《清末筹备立宪档案史料》上册，385 页，中华书局 1979 年 7 月版）

两个月后，奕劻、孙家鼐、瞿鸿禨联名奏报《厘定中央各衙门官制缮单进呈折》，先将京官编定复核。四天以后，圣旨宣谕，对奕劻等人拟定的方案做出裁定，不同意以内阁取代军机处，认为自雍正年间由内阁分设军机处以来，"相承至今，尚无流弊，自毋庸复改"，所以，"一切规制，著照旧行"。（同上，471 页）这使得后来颁布的官制改革方案完全流于形式，让一班希望立宪的人大为失望。但其官制改革的大体思路则与戴鸿慈、端方奏折中所拟定的"中央政府官制"比较接近。嗣后的地方官制改革、地方自治的展开，以及各省谘议局的设立，尽管比较迟缓，其间也有变化，但是，应当承认，清王朝的政治体制改革的确是朝着《请改定官制以为立宪预备折》所规划的方向进行的。这似乎也说明，清政府从宣示预备立宪到中央与地方的官制改革，以及其他方面的体制变更，活跃在前台的，固然是以端方、奕劻为代表的宗室亲贵，以及戴鸿慈、孙家鼐、瞿鸿禨等大臣，然而，背后的设计师与总顾问其实是梁启超。

二、清末立宪的第一个小高潮

或因此事，梁启超最初对清政府预备立宪表现得比较乐观。立宪上谕发布之后，他给蒋观云写过一封信，毫不掩饰他的兴奋，并且断言："从此政治革命问题，可告一段落。此后所当研究者，即在此过渡时代之条理何如。"（丁文江、赵丰田编《梁启超年谱长编》，365页）不久，清政府宣布厘定内阁官制结果，因其有名无实，不餍人望，徐佛苏写信给他表示不满，并为之抱不平："公一腔热血，空洒云天，诚伤心事也。"（同上，368页）此时，梁启超正屏居须磨怡和别庄养病，虽然也对这次改革有所不满，但他还是从中看到了新的机遇和前景。他在写给蒋观云的信中说，我们本无需对这次改革寄予厚望，因为，它只是几个人走马看花似的在欧美游历一番后所做的一点尝试罢了，国民尚未对此提出要求。但我们也不必因为这次改革的无效而失望。针对蒋观云来信所说国民没有促其再度改革之能力，梁启超表示："此诚可痛。然弟以为，练成此能力，正我辈之责也。我辈在国民中宜多负责任者，今不自为之，何以望人。"（同上，368—369页）这时他已经意识到，国民政治能力之练成，不能不"合热诚而同主义之人以组织一机关"，（同上，369页）这是动员、组织国民所必需的。这个机关其实就是现代政党的雏形，他说："我国之宜发生政党久矣，前此未有其机，及预备立宪之诏下，其机乃大动。"（同上）

从这时起，梁启超把主要精力都放在筹议组党这件事上。他希望新成立的组织能比海外保皇会更进一步，以谋求在国内发展。最初设想的规模相当大，发起人除了他与杨度，还有在东京的徐佛苏、蒋观云、吴仲遥、徐君勉、麦孟华、狄葆贤、罗孝高、汤觉顿等；并联络江浙士绅张謇、郑孝胥、汤寿潜，以及在朝的袁世凯、端方、赵尔巽等宗室亲贵和大臣，还派遣熊希龄入京运动醇亲王载沣和其弟载泽，由他们分别出任总裁和副总裁。后因杨度与蒋观云意见不合，张謇与郑孝胥、汤寿潜联合孟昭常、许鼎霖、雷奋、陶保廉、周廷弼等，先于光绪三十二年（1906）十一月在上海成立"预备立宪公会"，会员以江浙闽三省名士，或实业界人物为主，在当时颇有声势，亦很活跃。张謇在《啬翁自订年谱》中记其事曰："会成，主急主缓，议论极纷驳。余谓立宪大本在政府，人民则宜各任实业教育为自治基础，与其多言，不如人人实行，得尺则尺，得寸则寸。公推孝胥为会长，寿潜与余副之。"（北京图书馆编馆藏珍本年谱丛刊183册《啬翁自订年谱》下卷，20页）杨度亦先期回国，并于光绪三十三年（1907）春夏之交单独组织"宪政讲习所"，随后又改名"宪政公会"，自任会长。十月间，因伯父去世，杨度回乡奔丧，恰逢梁焕奎、范旭东创建湖南宪政公会，遂被拥立出任会长一职，并起草了《湖南全体人民民选议院请愿书》，是为晚清国会请愿运动之滥觞。

　　这时，海外的"保皇会"已改名"帝国宪政会"，梁启超与徐佛苏、蒋观云等也加快了组党的进程。而且，国内政治形势的发展也不允许他们再拖延了。七月中旬，清政府将考察政治馆改为宪政编查馆；八月十三日（9月20日），清政府又颁发了设立资政院的上谕；九月十三日（10月19日），清政府发布设立谘议局的上谕，要求各省督抚务必在省会筹设谘议局，并预筹各府县的议事会。所有这些在梁启超看来都是很好的消息，他迫不及待地要做出反应。于是，九月十一日（10月17日），政闻社正式宣告成立，其机关刊物《政论》也随之创刊，并召开成立大会于日本东京神田区的锦辉馆。他们还邀请了日本维新元勋大隈重信、板垣退助两位伯爵，以及犬养毅、矢野文雄、尾崎行雄等人出席大会，并在会上发表演说，场面相当隆重而热烈，与会者超过千人，梁启超也即席发表讲话。其间虽有革命青年张继、陶成章等数十人在会场发难，但他们看这种行为，不过是一伙暴徒的嚣张，并不能阻止他们的立宪事业。

根据《政闻社社约》所列发起人，有蒋观云、徐佛苏、黄可权、吴渊民、邓孝可、王广龄、陈高第共七人。（1907年10月《政论》1号，见梁启超著，夏晓虹辑《饮冰室合集》集外文上册，512页）按照事先约定，社长一席为虚设，特别邀请马相伯（良）先生为总务员，常务员则由徐佛苏、蒋观云、麦孟华三人担任。马相伯与梁启超的交情是很深的，梁启超在上海办《时务报》期间就曾在马相伯处学习拉丁文。所以，政闻社成立后，梁启超特派汤觉顿前往上海迎接马相伯，请他到日本就任。马相伯的到来让政闻社同仁倍感振奋，他也表示愿意承担社务，并至各地演说立宪问题，以此号召同志，声势盛极一时。不久，政闻社本部迁至上海，马相伯亦偕徐君勉等返回国内。当时，政闻社社员活动于国内者，还有麦孟华、雷奋（继兴）、范治焕（秉钧）、侯延爽（雪舫）、黄可权（与之）、邓孝可（木鲁）、熊崇照（和白）等。他们活动的最大目标即速开国会，同时筹划在汉口设立《江汉公报》，并创办江汉公学。

政闻社成立后，《新民丛报》即宣告停刊，梁启超另于东京创办《政论》为宣传舆论阵地。他在创刊号上发表《政闻社宣言书》，提出四大任务：

一曰实行国会制度，建设责任政府；二曰厘定法律，巩固司法权之独立；三曰确立地方自治，正中央地方之权限；四曰慎重外交，

保持对等权利。（梁启超著《饮冰室合集·文集》之二十，25—27页）

　　四大任务中，速开国会为重中之重。进行的方法是联络各界人士，发展社员，扩大地方势力。至光绪三十四年（1908），社员已增至千余人。他们从两个方面积极地开展工作，当时的政府官员中，政闻社欲接纳者为肃亲王（善耆）、良弼、铁良等人，所欲排挤者为袁世凯。袁世凯与康、梁戊戌结怨在先，与铁良等发生冲突在后，又受到杨度的挑拨，还很难与梁启超等人走到一起。而政闻社与其他民间团体的结合，则主要为参与"国会期成会"的签名请愿，速开国会运动。此次签名请愿运动由上海预备立宪公会于二月间发起，响应者除政闻社社员外，尚有湖南宪政公会、湖北宪政筹备会、广东粤商自治会的会员，以及河南、安徽、直隶、山东、山西、四川、贵州等省的人物。六月初二日，郑孝胥、张謇、汤寿潜电请速开国会，以两年为限。紧接其后，政闻社也以该社全体社员的名义致电宪政编查馆，请限期三年召开国会。七月间，各地代表齐集北京，将数万人签名的请愿书递交都察院代奏。清政府对于各省民众的联合请愿，固不能不闻不问，于是，便有了八月初一日（8月27日）的上谕，宣布预备立宪期限为九年，同时颁布了《钦定宪法大纲》。而此时，政闻社已经被封禁了。

三、官制改革成各方争夺焦点

　　这是清末立宪运动的第一个高潮。各种势力、各个利益集团都试图通过立宪实现自己的诉求，这使得清末立宪从一开始就不可能是一帆风顺的。近来颇有人为慈禧说项，夸她是立宪的功臣。而当时已有人指出："西太后之采用立宪，全出于私心。"（杜亚泉等著《辛亥前十年中国政治通览》，24页）这是看得很准的，其实，新政的实施，对她来说已属迫不得已，这且按下不表，她的赞同立宪，又何尝没有难言之隐呢？杜亚泉捅破了这层窗户纸："辛丑（1901）回京以后，惩于权臣之专擅，首设会议政务处，集王公大臣以议要政。而其里面则尤有一重要之关系，即大阿哥被黜，废立之谋未遂，恐光绪帝一旦亲政，故集其羽党，设此会议，使光绪帝虽出，亦仅能拥其名而不能握其权也。迨袁世凯等以君主立宪之说进，彼西太后者，当垂暮之年，岂尤为国利民福计，而为此立宪之预备耶？亦欲藉此限制君权之说，使光绪帝不能行权于其身后耳。"（同上，24页）所以，李剑农在《中国近百年政治史》中，就把慈禧的立宪精神概括为"迁延"二字，她的如意算盘就是，确保有生之年大权不至旁落，"九年以后，她未必尚在人间，到那时候随你们如何的立宪，她也不管了"。（同上，225页）而只要她还活着，就要为保全爱新觉罗的宝座，也是她个人的宝座尽力。她对康、梁始终保持高度警惕，查禁政闻社，就是担心其背后有康、梁在暗中筹谋规划，欲借国内预备立宪之机，图谋不轨。袁世凯、张之洞、杨度都是深知这一点的，并有效地利用这一点，达到了阻遏政闻社在国内发展的目的。而他们又何尝不是晚清政争的牺牲品？从清政府下诏预备立宪，到戊申年（1908）十月光绪、慈禧先后去世，在两年多一点的时间内，所预备之事并无太多实质性的进展，就是一再"迁延"和多方博弈的结果。

清宗室亲贵中固然不乏端方、载泽、铁良这样的开明人士，他们知道，立宪的潮流已经不可遏止，并且积极推动朝廷早行宪政，但是，满汉种界又往往成为横梗在他们心头的一道障碍，难以逾越。梁启超曾经指出："以今日论之，号称第二政府之天津，坐镇其间者，汉人耶？满人耶？而北京政府诸人，不几于皆为其傀儡耶？两江两湖两广之重镇，主之者，汉人耶？满人耶？乃至满洲之本土东三省，今抚而治之者，汉人耶？满人耶？平心论之，谓今之政权，在满人掌握，而汉人不得与闻，决非衷于事实者也。"（梁启超著《饮冰室合集·文集》之十九，28页）在梁启超，是要告诉那些口口声声排满的革命党，清政府里不光有满人，也有汉人，而且是很有权势的汉人。但且不说革命党看这些手握大权的督抚，不过是慈禧的奴才、清廷的看家狗；即使满人，对于这种情形，也是疑忌交集，放心不下。特别是那些心里明白的满人，看到汉人的政治能力和人数都远远地超过满人，就更加担忧，恐怕满人完全被汉人宰制。立宪给了他们一种希望，于是，他们要假立宪之名，行中央集权之实；又假中央集权之名，以行排汉之实。当时颇具影响力的英文报纸《字林西报》就看得很清楚："盖满洲守旧党皆谓立宪政体利于汉人，而满人历朝所得之权利皆将因此尽失，故竭力反对之。"（光绪三十四年七月二十九日《申报》，转引自丁文江、赵丰田编《梁启超年谱长编》，473页）守旧党是以反对立宪的方式防汉人，而主张革新的人是用主张立宪，掌控立宪的方式防汉人，他们把立宪当做了能使大清江山永固的机会。载泽的《奏请宣布立宪密折》，就很典型地表达了他们的这种心理和愿望。

载泽等先于端方回国，即向清政府奏请"以五年为限改行立宪政体"。（故宫博物院明清档案部编《清末筹备立宪档案史料》上册，110页）鉴于当时朝廷内外反对立宪的势力还很强大，清政府一直犹豫不决。载泽随后就上了这道密折，强调立宪有"三大利"：

一曰皇位永固。立宪之君主国，神圣不可侵犯，故于行政不负责任，由大臣代负之。即偶有行政失宜，或议会与之反对，或经议院弹劾，不过政府各大臣辞职，别立一新政府而已。故相位旦夕可迁，君位万世不改。大利一。一曰外患渐轻。今日外人之侮我，虽由我国势之弱，亦由我政体之殊，故谓为专制，谓为半开化，而不以同等之国相待。一旦改行宪政，则鄙我者转而敬我，将变其侵略之政策为平和之邦交。大利二。一曰内乱可弭。海滨洋界，会党纵横，甚者倡为革命之说，顾其所以煽惑人心者，则曰政体专务压制，官皆民贼，吏尽贪人，民为鱼肉，无以聊生，故从之者众。今改行宪政，则世界所称公平之正理、文明之极轨，彼虽欲造言，而无词可藉，欲倡乱，而人不肯从，无事缉捕搜拿，自然冰消瓦解。大利三。（同上，174—175页）

据说，慈禧看到载泽的奏折，大为感动，遂于丙午年（1906）七月十三日颁布了仿行立宪的上谕。应当承认，载泽所奏是很有针对性的，都是慈禧平时考虑最多的问题，尤其是大利之一，更容易使她动心。因此，载泽在奏折中特别强调"宪法之行，利于国，利于民，而最不利于官"这个核心观点，并且分析封疆大吏的心理："盖宪法既立，在外各督抚，在内诸大臣，其权必不如往日之重，其利必不如往日之优。于是设为疑似之词，故作异同之论，以阻挠于无形。彼其心，非有所爱于朝廷也，保一己之私权而已，护一己之私利而已。顾其立言则必曰防损主权。不知君主立宪，大意在于尊崇国体，巩固君权，并无损之可言。"（同上，173页）他的这番话也许并不专指汉人，但却道出了慈禧的心事与汉臣官僚的心声。慈禧担心这些督抚大员权力过大，不易节制，立宪能限制他们的权力，她自然很满意；而这些官员对于立宪，无论赞成还是反对，却都不希望自己的权利受到损害。那些赞成立宪的汉人官员，甚至想借此打破满人的政治优势，消除满汉之间的不平等。各种势力、各个利益集团较量的结果，就在清末的历史舞台上，上演了一出一面预备立宪，一面满汉相排的活剧。

官制是各方争夺的焦点。载泽、端方都认为，如果官制不改革，很有可能出现唐代藩镇割据或日本藩阀坐大的局面，七月十三日上谕提出"廓清积弊，明定责成，必从官制入手，亟应先将官制分别议定，次第更张"（同上，44页）的要求，不能说没有这种考虑。但议的时候冲突就发生了。御前会议的结果，规定了四大方针，其中第三项，废除现制之督抚，各省新设之督抚其权限仅与日本府县知事相当，财政、军事权悉收回于中央政府。（李剑农著《中国近百年政治史》，226页）载泽、荣庆、铁良都是主张削减督抚权力的，袁世凯主张内阁制，想做内阁副总理，但他也不肯坐视督抚的权力被削减。而负责总司核定的庆亲王奕劻早已成为袁世凯的笼中之物，不让他站在袁世凯一边怕也很难。所以，官制的编纂从一开始就是各方妥协的产物，最后确定了先中央后地方的原则。即使这样，中央官制的编纂，也不得不兼顾各种利益关系，于是才有了所谓"五不议"：军机处事不议，内务府事不议，八旗事不议，翰林院事不议，太监事不议。为什么不议？无非是各方面利益不易摆平。这样看来，最后拿出一个不疼不痒的新官制来发表，也是可以理解的。

但新官制发布之后，满汉矛盾不仅没有得到缓解，反而变得更加尖锐了。且看新授各官的配置：

军机处：奕劻、世续、瞿鸿禨。

各部：外务部管部大臣奕劻尚书瞿鸿禨，度支部尚书溥頲，礼部尚书溥良，陆军部尚书铁良，法部尚书戴鸿慈，邮传部尚书张百熙，理藩部尚书寿耆，民政部尚书徐世昌，农工商部尚书载振，学部尚书荣庆，吏部尚书鹿传霖。

上列满人七、汉人四、蒙古一人、汉军旗一人。这样一个比例，显然大大少于此前分别满汉时的每部六堂官满汉平列，满三汉三，所得仅为三分之一，汉臣官僚多心怀不满。晚清史官恽毓鼎写道："辛丑回銮，孝钦内惭，始特诏天下议改革，定新官制。少年新进不深维祖宗朝立法本意，第觉满洲人士以八旗区区一部分与我二十一行省汉人对掌邦政，其事太不平，欲力破此局以均势。满汉之界既融，于是天潢贵胄、丰沛故家，联翩而长部务。汉人之势大绌，乃不得一席地以自暖。"（恽毓鼎著，史晓风整理《恽毓鼎澄斋日记》附录《崇陵传信录》，790—791 页，浙江古籍出版社 2004 年 4 月版）这是替满人开脱的话，改革官制固然要平满汉之界，而平了满汉之界，却又很难避免"天潢贵胄、丰沛故家，联翩而长部务"的局面出现。这个矛盾到了解决地方官制中督抚问题时就显得更加突出了。这时，李鸿章、刘坤一都已去世，张之洞也已年老体衰，遂造成了政军两界袁世凯一枝独秀的局面。这时的袁世凯，头上至少顶着十大差事：直隶总督、北洋大臣、参预政务大臣、会办练兵大臣、办理京旗练兵事宜大臣、督办电政大臣、督办关内外铁路大臣、津镇铁路大臣、京汉铁路大臣、会议商约大臣。（张社生著《绝版袁世凯》，78—79 页，文汇出版社 2010 年 8 月版）根据溥仪后来的回忆，西太后对于袁世凯恩遇之隆，汉族大臣中过去只有曾国藩、胡林翼、左宗棠和李鸿章才数得上。但她对这个统率着北洋新军并且善于投机的汉臣，又怀着隐忧。特别是他与奕劻的关系，最让慈禧放心不下。听说他向贪财如命的奕劻那里大量地送银子，不能不引起她的警惕。但是，慈禧在其有生之年始终未能解决袁世凯的问题。她曾有过先把奕劻开缺的打算，消息透露出去之后，引起英国驻北京公使的注意，找到外务部，讯问有无此事。慈禧不但不敢承认，而且派铁良和鹿传霖追查，结果，走漏消息的瞿鸿禨被革了职。"但对于袁世凯，她没有再犹豫。光绪三十三年（1907），内调袁为外务部尚书，参加军机。明是重用，实际是解除了他的兵权"。（溥仪著《我的前半生》，17 页，同心出版社 2007 年 9 月版）

同时内调进京为军机大臣的还有张之洞，当时，他已七十一岁高龄，他在得知这个消息后，曾"电致鹿文端（传霖），云鄂省十八年心力抛于一旦，衰病侵夺，岂能再创新局，惟有乞退而已"，（吴剑杰编著《张之洞年谱长编》下卷，990 页，上海交通大学出版社 2009 年 7 月版）可见其心情颇有些凄凉。这时他已经看出了"宫廷具有深意，屈就之际，朝局系焉"，（同上）也就是说，表面上是以中枢机要大权界与汉臣，表示不分满汉，实际上却是先要拔除督抚中的两大柱石，然后再渐次削减各督抚的实权。平心而论，中国的立宪既然不搞联邦制，那么，改革督抚制度，加强中央集权则势在必行。无奈他们是以排汉的心理来集权，这便伤了许多汉臣的心。他们原本都是效忠于清皇室的，现在也渐渐地离心离德了。实际上，这个削减督抚权力的计划始终也没有得到落实。光绪丁未年（1907）五月，朝廷发布了所谓外官制，督抚的权力竟然一无所动，总督的权力仍旧是"总理该管地方外交军政，统辖该管地方文武官吏，并兼管所驻省分巡抚事，总理该省地方行政事宜"；而巡抚的权力仍为"总理地方行政，统辖文武官吏"。（故宫博物院明清档案部编《清末筹备立宪档案史料》上册，506 页）就袁世凯而言，此前的丙午年（1906）十月，他已奏请开去各项兼差，并交出了北洋新军六镇中四镇的兵权，但是，他对北洋军的实际控制能力，并没有完全消除。直到丁未年（1907）夏天，他与张之洞同时调入军机，宗室新贵的排汉计划才算取得了阶段性的胜利。

四、少壮亲贵借立宪疯狂揽权

不过，如果慈禧在位，她还是有能力平衡满汉，不使其矛盾失控的。她也许不是真心想要改革，但她至少可以维持清末残局，或使其慢慢走上立宪之路。然而，历史不能假设，戊申年（1908）十月，光绪帝与西太后几乎同时驾崩，溥仪做了皇帝，他的父亲载沣做了监国摄政王，结果，不到一个月，袁世凯就被开缺到彰德养寿园养他的"足疾"去了。此时汉人中尚忠于清廷而又有政治眼光和抱负者，非袁世凯莫属，但仍不免于被放逐的下场，着实让一些人看到了清廷的寡情，满汉的感情更趋于恶化。据溥仪回忆，曾有传说，光绪帝临终时向摄政王托付心事，留下了"杀袁世凯"四字朱谕。但溥仪认为，这场兄弟会见其实是没有的。摄政王要杀袁世凯为兄报仇，倒是确有其事，但被奕劻为首的一班军机大臣给拦阻住了。最让载沣泄气的是奕劻的这番话："杀袁世凯不难，不过北洋军如果造起反来怎么办？"袁世凯的命最后是保住了，但这次打击给予他以及整个北洋系的教训是深刻而难忘的。沉浸在除去心腹之患喜悦中的少壮亲贵怎么也不会想到，扳倒袁世凯容易，而难的是不久还要请他回来，那个时候，从他身上夺去的东西，必须加倍偿还给他。

清末所谓立宪派，只是一个泛称，其中大致包括了以下几种政治势力：一是以康、梁为首的维新派，戊戌失败后流亡海外，力争实现君主立宪，梁启超是其理论家；二是1901年开始的清末新政中出现的新的政治力量，以江浙一带的士子绅商为主，张謇、汤寿潜是其代表，他们主要活跃于资政院和谘议局，以及舆论界，被称为狭义的"立宪派"；三是清政府中的汉族实力派官僚，如袁世凯、张之洞、刘坤一、瞿鸿禨、张百熙等，都在清末立宪中表现得非常活跃；四是清皇室中主张改良的势力，以载沣、端方为代表。可见，袁世凯的被逐并非由于他主张立宪，尽管铁良曾因反对官制改革而与袁世凯大起冲突。在溥仪看来，倒袁的势力中"有和奕劻争地位的，有不把所有兵权拿到手誓不甘休的，也有为了其他目的而把希望寄托在倒袁上面的"。（溥仪著《我的前半生》，21页，同心出版社2007年9月版）至于载沣，别有他逐袁的动机，即排斥汉人中的权臣。载沣的这种心理萌发于辛丑年（1901）他作为派往德国谢罪（谢德国公使因庚子拳乱被戕之罪）的头等专使，在德国受到的教育。他看见德国皇室那么有威势，曾请教于威廉·亨利，亨利告诉他，揽握兵权，整顿武备为第一要着。如果说慈禧在世他还有所顾虑的话，那么现在，以监国摄政王的地位，正可以大行其志。自戊申年（1908）十二月至辛亥年八月十九日（1911年10月10日）武昌起义之前，这种揽权的行为不仅不能停止，反而愈演愈烈，这是很重要的心理基础之一。

戊申年（1908）十二月：另编禁卫军，由摄政王亲统，派载涛（载沣之弟）、毓朗（皇族）、铁良为专司训练大臣。

己酉年（1909）正月：派肃亲王善耆、振国公载泽、铁良、萨镇冰筹备海军（铁良开去禁卫军大臣差使）。

己酉年（1909）五月：监国摄政王暂行代理大元帅，并先行专设军咨处，以毓朗管理，寻又添派载涛管理。命载洵（载沣之弟）、萨镇冰充筹办海军大臣。

己酉年（1909）七月：遣载洵、萨镇冰巡视沿江沿海各省武备，旋又往欧洲各国考察海军。

庚戌年（1910）六月：命筹办海军大臣载洵充参预政务大臣，又往日本考察海军。

庚戌年（1910）八月：命近畿陆军均归陆军部管辖，裁撤近畿督练公所。

庚戌年（1910）十一月：改筹办海军处为海军部，以载洵为海军大臣。

辛亥年（1911）四月：设立军咨府，以载涛、毓朗为军咨大臣（军咨府比于日本的参谋部）。

辛亥年（1911）闰六月：永平秋操，派载涛代临，总监两军。

（李剑农著《中国近百年政治史》，251页）

　　这些都是载沣以皇族揽握兵权的事实。辛亥年（1911）四月初十日颁布上谕，新内阁成立，奕劻任内阁总理大臣，那桐、徐世昌为协理大臣，梁敦彦、善耆、载泽、唐景崇、荫昌、载洵、绍昌、溥伦、盛宣怀、寿耆均为国务大臣。这十三个大臣中，满人占八个，蒙古旗人一个，汉人仅得四个，其中八个满人，有五个是皇族，因此被时人称作"皇族内阁"。（故宫博物院明清档案部编《清末筹备立宪档案史料》上册，566页）至此，皇族集权已经登峰造极。张謇在《啬翁自订年谱》中记下了当时人们的反应："政府以海陆军政权及各部主要均任亲贵，非祖制也，复不更事，举措乖张，全国为之解体。至沪，合汤寿潜、沈曾植、赵凤昌诸君，公函监国，切箴之，更引咸同间故事，当重用汉大臣之有学问阅历者。赵庆宽为醇邸旧人，适自沪回京，属其痛切密陈，勿以国为孤注。是时举国骚然，朝野上下不啻加离心力百倍，可惧也。"（北京图书馆编馆藏珍本年谱丛刊183册《啬翁自订年谱》下卷，26页）张謇是个很务实的立宪派领袖，两年前，他还针对朋友中"国不亡，无天理"的议论，指出："我辈在（再）不为设一策而坐视其亡，无人理。"（同上，23页）可见，他是很想通过努力给垂死的清王朝找一条活路的。但政府的倒行逆施使他感到绝望和担忧，他看到的，正是一种分崩离析、土崩瓦解的局面，清王朝的末日已经不远了。梁启超则说得更加直接："国之乱也，不必其敌军压境，候骑烽火，相属于路，民骚然相惊避也，不必其群雄割据，天下鼎沸相糜烂而战也，不必其群盗满山，堆埋剽掠，率土之良不得安枕也，但使人人有不慊于其上，不安于其职之心，则社会之秩序遂破，而乱象遂不可以收拾。"（梁启超著《饮冰室合集·文集》之二十六，40页）

　　也许是被胜利冲昏了头脑，这些掌握了国家最高权力的年轻贵族开始将手伸向民间，在盛宣怀的唆使下，就在皇族内阁宣告成立的次日，上谕宣布了铁路国有政策。没想到这下子捅了马蜂窝，真的使局面变得不可收拾了。梁启超当即写了一系列文章，揭露政府的铁路国有政策并非有利于全国铁路建设，"不过以是为筹款之一法门耳"，目的是以路权为抵押向外国借债；而采取强行收回民间股权的做法，不啻"是以国家为豪强兼并之魁"，如果不能按照正当标准赔偿股民的损失，则国家简直就变成了"盗贼劫掠"，不过"假中央集权之名，吸全国之膏髓，以供少数人之咕嘬"罢了。（同上，之二十五下，52—62页）他认为，出路仍在进一步落实宪法，实现宪政。只有宪政之下的法律保障，才能给民间资本以保护，并促其发展。针对政府关于商办诸路不能免于舞弊的说法，他愤而指出，如果由政府来办，"其舞弊必更甚于商办"。而商办之多舞弊，责任不在于国民，而在于政府未能"尽其监察保护之责"。他说，"今使能确定立宪政体，而立法司法之作用，能约束民以纳于轨物，而谓吾民犹乐于舞弊，敢于舞弊，吾不信也"。他进一步指出，在今日中国，"设种种方法直接间接以保护助长有限公司之发达"，是政府的责任之一。（同上）

五、国会请愿风潮三起三落

诚然，自丙午年（1906）清政府下诏仿行立宪之后，立宪派与政府之间的博弈一直没有停止过。政府既以迁延为宗旨，他们对于立宪派的集会结社乃视为心腹大患。梁启超在《政闻社宣言书》中似乎就已预见到将要被政府打压而不容存在，他自问自答："问者曰：政闻社虽未足称政党，而固俨然为一政治团体，则亦政党之椎轮也，中国旧史之谬见，以结党为大戒，时主且悬为厉禁焉。以政闻社置诸国中，其安从生存？政府摧萌拉蘖，一举手之劳耳。且国中贤才，虽与政闻社有同一之政见者，其毋亦有所惮而不敢公然表同情也。应之曰：不然。政闻社所执之方法，常以秩序的行动，为正当之要求，其对于皇室，绝无干犯尊严之心，其对丁国家，绝无扰紊治安之举，此今世立宪国国民所常履之迹，匪有异也。今立宪之明诏既屡降，而集会结社之自由，则各国所咸认为国民公权，而规定之于宪法中者也。岂其倏忽反汗，对于政治团体而能仇之？若政府官吏不奉诏，悍然敢为此种反背立宪之行为，则非惟对于国民而不负责任，抑先已对于君主而不负责任。若兹之政府，更岂能一日容其存在以殃国家？是则政闻社之发生，愈不容已，而吾党虽洞胸绝脰，而不敢息肩者也。"（梁启超著《饮冰室合集·文集》之二十，28—29页）尽管梁启超先发制人，拿立宪国家承认公民"集会结社自由"的大道理去要求政府，但并不能束缚政府的行为。因为在政府眼里，聚众要挟已属行为不端，既然皇帝已经宣布预备立宪，你们这些小民为何还要胡闹？于是有丁未年（1907）十一月二十日、二十一日上谕，严禁民间集会结社，学生不准干预国家政治，"民情固不可不达，而民气断不可使嚣"，言论、著作也受到限制，"固非人人皆得言事，亦非事事皆可参预"，（上海商务印书馆编译所编纂《大清新法令》第一卷，49页）政府的逻辑既如此霸道，民众则只能禁声。在这里，国民参政议政的权利被政府肆意剥夺，这与立宪政治原则显然是背道而驰的。

不过，虽说政闻社遭到清政府的打压继而被取缔，但国内的立宪运动并未因此而受到太大影响。这主要是因为，当时活跃于各省的立宪派人士，多为本地有名望的士绅，他们虽奉梁启超为精神领袖，从他的文章中汲取思想能量，但公开场合则很少往来。政府既不能抓住他们的把柄，也就不便借口查禁政闻社而限制他们的行动，毕竟政府还需要立宪这面旗帜。特别是丁未年（1907）九月十三日上谕，各省筹办谘议局以及各府州县议事会，更给予他们积极行动的合法性依据。所以，几乎与上谕各省督抚查禁政闻社同时，预备立宪公会移书湖南立宪公会、湖北立宪筹备会、广东自治会及豫皖直鲁川黔等省同志，请各派代表聚集北京，联名上书宪政编查馆，请求速开国会；山西省请愿代表呈递的请愿书，甚至征集到两万多人签名。京师士绅孙毓文等、直隶士商刘春霖等、湖南国会请愿代表陆鸿第等、浙江代表叶景莱等，也向政府呈递了速开国会请愿书。稍后呈递请愿书的还有八旗士民恒福等、吉林士民松毓等、山东绅商于洪起等、山西士绅常松寿等，一时便有风起云涌之感。于是，戊申年（1908）八月，慈禧与光绪去世前两个月，清政府颁布了《钦定宪法大纲》暨议院法、选举法要领，宣布预备立宪九年为期，并逐年安排了筹备事宜清单。

这是中国有史以来第一部"宪法"，它的开创性地位是不容抹煞的。但它又绝不足以餍人望，其主要条款都为拥护君权而设。李剑农认为，这些条文"纯粹从日本宪法上抄来，关于君主的大权，比日本天皇更无限制，只可算为保障君权的宪法，于国民没有什么好处"。据他介绍，主持编纂这部宪法的载泽，在日本考察宪政期间，曾请伊藤博文为他讲解日本宪法，伊藤博文"把天皇大权说得特别重大，对于天皇大权的限制多略未说及。而载泽又不通日文，全凭翻译不确切的口述和笔述，以为日本宪法真个如此，伊藤所传授的宪法精义真个如此，所以就很高兴地赞助西太后立宪，而定出这种宪法大纲来"。（李剑农《中国近百年政治史》，238—239页）在接下来的一年里，政府倒是按照筹备事宜清单将各种事项依次落实。己酉年（1909）二月，新的朝廷颁布《重申实行预备立宪谕》，表示要继承前朝的遗志，继续"实行预备立宪维新图治之宗旨"。（故宫博物院明清档案部编《清末筹备立宪档案史料》上册，71页）这一年所筹备事件中最重要的，便是各省谘议局的选举，从九月一日开始，经过一个多月的讨论协商，至十月纷纷宣告成立。

这时，避居日本的梁启超则积极承担起为立宪造成健全之舆论的责任。宣统二年庚戌（1910）正月十一日，梁启超主办之《国风报》创刊号问世，他在"叙例"中指出："夫立宪政治者，质言之，则舆论政治而已。"（中国近代期刊汇刊第二辑《国风报》第一册，第一年第一号，4页）欲求宪政之有成，不能没有健全之舆论，而且他特别强调了"非舆论之可贵而其健全之为可贵"。（同上）这是因为，任何一场政治变革都离不开社会动员，而舆论恰恰是进行社会动员最有效的手段之一。但是他也看到，舆论其实是一把双刃剑，它可能成为立宪之福，也可能成为立宪之病，关键要看舆论是否健全。然而，健全的标准是什么呢？梁启超提出"五本"作为健全舆论不可或缺的要素。这五本就是常识、真诚、直道、公心、节制，它们构成了健全舆论的基本面貌，少一本都不行，都可能造成舆论的残缺，而残缺的舆论对立宪是有害的。仅以节制为例，他说，如果"不导之以真理而惟务拨之以感情，迎合佻浅之性，故作偏至之论"，（同上，7页）就会影响到健全舆论的形成。这种情形我们不难理解。所以他说："欲使舆论之性质具此五者，亦曰造舆论之人先以此五者自勉而更以之勉国人而已。"（同上，8页）就当时的条件而言，报馆既为最有力的舆论制造机关，那么，"五本"就应是报馆之天职，如何才能尽到这个天职呢？他进一步提出了"八德"，即忠告、向导、浸润、强聒、见大、主一、旁通、下逮。这是他对理想报馆的诉求，他说："国中苟有多数报馆能谨彼五本而修此八德者，则必能造成一国健全之舆论，使上而政府大臣，及一切官吏，下而有参政权之国民，皆得所相助，得所指导，而立宪政体乃有所托命。"（同上，11页）

我们不能确定当时有多少报馆能够"谨彼五本而修此八德"，但至少梁启超试图在为立宪创造一种健全的舆论。他在《国风报》上陆续发表了一系列指导宪政实施的文章，对于国会、内阁、官制、财政、城乡自治、政党政治、司法、外交等相关问题，都有切实发挥。譬如《城镇乡自治章程质疑》《论国民宜亟求财政常识》《公债政策之先决问题》《为国会期限问题敬告国人》《论请愿国会当与请愿政府并行》《宪政浅说》《国会与义务》《立宪政体与政治道德》《责任内阁与政治家》《中国外交方针私议》《中国国会制度私议》《谘议局权限职务十论》《国会期限问题》《论政府阻挠国会之非》《资政院章程质疑》《论资政院之天职》《评资政院》《为川汉铁路事敬告全蜀父老》《中国前途之希望与国民责任》《敬告国人之误解宪政者》《责任内阁释义》《立宪国诏旨之种类及其在国法上之地位》《新中国建设问题》等篇章，都是针对当时重大社会事件发表的指导性意见，对于立宪党人在国内的活动是很有影响的。己酉年（1909）八月三日，张謇被选为江苏省谘议局议长；九月，就与浙江代表讨论请开国会事；十一月间，便有苏浙皖赣湘鄂闽粤桂豫鲁直晋奉黑吉十六省谘议局各派代表三人集于上海，组织国会请愿同志会，提出两年内召集国会的要求；十二月，各省代表相约同往北京，并于次年庚戌（1910）正月在北京聚齐，一面由孙洪伊领衔，将请愿书托由都察院代奏，一面遍访各王公大臣，寻求赞助支持。但内阁当天即奉上谕拒绝了代表们的要求，并重申"俟将来九年预备业已完全"，再"定期召集议院"。（故宫博物院明清档案部编《清末筹备立宪档案史料》下册，642页）

这是宣统时期的第一次请愿，虽然未有任何结果，但"人民之立宪运动，至此始稍有精神"。（杜亚泉等著《辛亥前十年中国政治通览》，28页）代表中多有留京不返，准备继续请愿的。他们总结第一次请愿的教训，以为规模太小，力量不足以振聋发聩，必须予以扩大。这时，恰有北京人士黎宗岳等，联合在京同志数百人，组织国会期成会，以为请愿代表之后援。他们致书各省谘议局、教育会，言道："国会一日不开，国是一日不定；国是一日不定，国困一日不苏。请即联合各地方自治宪政等会，组织国会期成分会，公举代表二人，偕教育会、商会各代表，准三月初十以前到京，会同联名上书，以达即开国会之目的。"（中国近代期刊汇刊第二辑《国风报》第一册，第一年第二号，79页）国民对于国会的热忱于此可见一斑，会中人甚至有割臂痛写血书的。到四月，各省谘议局发动第二次请愿，他们一面留代表驻京办理请愿事务，一面派代表赴各省鼓吹演说，并借助报纸发动舆论，努力的结果是比上次扩大了参与者的范围，除了各省谘议局代表之外，民间政团商会，以及海外侨民商会、地方士绅，都派了代表参加，所呈请愿书凡十起，亦请都察院代奏。但是，他们的要求再次被朝廷拒绝了，上谕重申其理由为"国家至重，宪政至繁，缓急先后之间为治乱安危所系"，而且，"以我国幅员之广，近今财政之艰，屡值地方偏灾，兼虞匪徒滋事，皆于宪政前途不无阻碍"，总而言之，"尔等忠爱之忱，朕所深悉"，但是，召开国会，"兹事体大"，是不能着急的，非等到九年预备完成不可，最后特别强调，上谕已经说得很明白了，"毋得再行渎请"。（故宫博物院明清档案部编《清末筹备立宪档案史料》下册，645页）

两次请愿均被拒绝，立宪党人并未气馁，反而愈挫愈勇，屡败屡战。他们致电各省，略谓两次请愿，徒劳无效，决定筹划第三次陈请。张謇遂以江苏省谘议局议长的名义，号召各省谘议局议长结成一请愿团。这些海内有声望者的加入，或可壮大请愿队伍的声势。其电文如下：

国会请愿两次无效，群望三次。近日敝省公论，以为前次谕旨，既断再请之路，现资政院开，专达民隐，自不能援他奏事官之例，不为上达。此次请愿，拟向资政院陈请建议，以期必达，此第一步也。请愿之人就苏言，拟推睿以议长名义北上，此第二步也。请愿之期，以十月底成行，十一月到院陈请，适为毕本局之事，而尚在资政开院之期，此第三步也。以议长名义北上，各省能否赞同，或不尽能去，亦当转托他省能去之议长为代表，略成一议长之请愿团，以结前二次代表团之局，而别开第三次请愿之新面目，此第四步也。公论如是，謇不敢违，用敢驰告同岑。苏省之公言，謇之微意，皆以此为然，惟取各贵省之答复为进止。有直省过半数同者，亦即决行。盖恐交通过阻之处，亦非函讯所能及也。（中国近代期刊汇刊第二辑《国风报》第五册，第一年第三号，107—108页）

经过多方协商，各省接受张謇的建议，将第三次请愿时间确定为宣统二年庚戌（1910）资政院开院期间，以第二届谘议局联合会代表大会在北京召开的名义，此时各省议长齐聚北京，又由张謇前往武昌会晤湖广总督瑞澂，吁请发起督抚联奏。大会推举湖北省谘议局议长汤化龙，以及四川省谘议局议长蒲殿俊为正、副主席，并再次委托孙洪伊负责与各方代表联络，以扩大影响。这一年的九月初一日，资政院正式开院。国会请愿代表孙洪伊等二十余人先于初五日赴监国府呈递请愿书，不遇，代表六人在府前露宿等待监国（载沣）归来，其余的人回到寓所赶办上资政院书及政务处书。监国派人劝解并代觅宿处，遭到拒绝，后由肃亲王承诺，将于初六代陈，代表才将请愿书交给肃亲王，并撤离监国府。初七日，代表们又到肃王府询问，肃亲王回复说，请愿书已于昨日召见时呈递给监国，并将当日情形面奏。监国颇为动容，唯此项呈词，不能据此以降上谕，尚须等到第三次请愿书上奏之后，方能决定办法。于是当天下午，代表们又将请愿书呈递到资政院，请求提议设立责任内阁，并于宣统三年辛亥（1911）内召集国会。"资政院提议此案，全体赞成，高呼万岁，即日上奏。各省督抚联名致电军机处，主张内阁、国会同时设立"。（杜亚泉等著《辛亥前十年中国政治通览》，29页）

这次请愿的确声势浩大，上书团体多达十个，康有为的帝国宪政会也派了陆乃翔、伍宪子分别代表南洋和澳洲华侨前来参加；梁启超的好友汤觉顿则代表日本华侨上书。各地群众也在立宪党人的鼓动下签名支持请愿运动，顺（天府）直（隶）绅民还走上街头，于九月初三纠合千数百人，到总督行辕，呈请代奏，要求速开国会，并请求接见。直隶总督陈夔龙接见请愿代表数人，互相辩论良久，请愿代表"反复哀恳，泣求代奏"。（中国近代期刊汇刊第二辑《国风报》第六册，第一年第五号，107—108页）迫于各方面压力，清政府不得已于十月初三发布上谕，将立宪筹备期限缩短为六年，"以宣统五年为开设议院之期"，并责成民政部和各省督抚，将"所有各省代表人等"即日解散。（故宫博物院明清档案部编《清末筹备立宪档案史料》下册，646页）这是第三次请愿所得到的微小结果，自然不能使人们满意。一些留在北京的代表则继续活动，谋划筹备第四次请愿。时至十一月初六，东三省总督锡良奏称："本月初三、初五等日，有各界绅民一万余人，手执请开国会旗帜，伏泣于公署之前，求为代奏。"其间，甚至"有搏颡流血，声嘶力竭不能自已者"。（同上，648页）然而上谕当即批驳，斥为"藉词诿卸"。不久，东三省又有代表十余人到北京呈递请愿书，这一次朝廷不再客气，谕令民政部、步军统领衙门立即派员将这些人送回原籍，不准在京逗留，如果不服劝谕，纠众违抗，即行查拿严办，毋稍纵容。此后，又有天津学界领袖温世霖领导的天津学生罢课，集合数千人于总督陈夔龙的衙门前高呼速开国会，并电请各省响应。于是，四川、奉天两省都有罢课之举。十二月初，奉上谕将温世霖发配新疆，交地方官严加管束。至此，延续将近一年的请愿风潮遂告止息。

六、资政院欲有所作为

一个显而易见的事实是，清末立宪每前进一步，几乎都有民间力量推着政府向前走。而经过三次请愿，民间则聚集了越来越多的支持宪政的力量，从最初的数十位谘议局代表，到动员社会各界参加，数月之间已有数十万人加入到请愿国会的群体之中，并能以人民之名义正式向统治者提出政治要求。第一次请开国会书就已明确指出："国会者，人民与闻政治之所也，必人民得有公举代表与闻政治之权，国家乃能加以增重负担以纾国难之责。"（故宫博物院明清档案部编《清末筹备立宪档案史料》下册，639页）其政治能力亦有所增强，当时，日人所经营之《顺天时报》一语道出了请愿运动的意义，就在于"少数人唤起多数人之政治意识"。（宣统二年（1910）四月二十八日社论，见张朋园著《立宪派与辛亥革命》，65页，吉林出版集团有限责任公司2007年8月版）但其所失恰恰也在于参与者的士大夫意识，不能及早看到群众的力量，社会动员得不够广泛。梁启超在第二次请愿国会被阻之后所作《为国会期限问题敬告国人》中，就曾提醒组织者注意，要把目光投向更广泛的社会人群，并分别向各省督抚、国中有闻誉之诸君子、一般国民、国中有资力之人、资政院议员发出号召，希望"全国人民而悉为政治上之运动"。他甚至把中国比做一艘航行于飓风、乱礁中的破船，而"船主及船中一切执事者，既不知驾驶为何术，加以日饮亡何而不事事"，"眼看其覆沉即在旦夕"，现在，有人为了保全这艘船不沉没，提出救亡图存的办法，"苟在船之人而犹有不表同情不相臂助者，则必其全无人心者也"。（梁启超著《饮冰室合集·文集》之二十三，20—21页）这里特别要指出的是，他对农民和学生的重视，他把农民称作"国民中坚者"，强调"开发农民之政治思想，实今日中国第一急务也"，而"唤醒农民，士君子之责也"。（同上，22—23页）这是很超前的一种认识，直到半个世纪之后，毛泽东也提出了"严重的问题是教育农民"的著名论断。学生在他看来也很重要，"无论何国，过渡时代未有不以学生为其枢者也"，枢者，中枢之谓也，也就是核心力量。他很不愿意看到"政府以彼区区至污浊之官职，至微薄之薪水"，就能收买学生，"以驯服学生者"。（同上，22页）第二次请愿之后，政治动员的范围扩大了许多，农民的觉悟固然还有待时日，但学生和工商界人士有许多是被发动起来了。尽管请愿最终只得到一个宣统五年的承诺，然而其影响却是无所不在的，民众因此看清了清政府对于立宪的真实态度，不再对它抱有希望。到了辛亥年（1911）三月，载沣颁布新内阁，即所谓"皇族内阁"名单，则使得更多的立宪派人士因失望而转向了同情革命，就连当时被认为最稳健的立宪派领袖张謇，在得知"皇族内阁"的消息后，也很不安，担心全国为之解体。

这一年，资政院与政府的关系亦日趋紧张，冲突一触即发。自从前一年九月初一日资政院开院以来，国会与责任内阁就一直是资政院议员们所追求的两大目标。资政院议员由钦选和互选两部分组成，前者为皇帝指派，其中包括宗室王公世爵十六人、满汉世爵十二人、外藩王公世爵十四人、宗室觉罗六人、各部门衙门官三十二人、硕学通儒十人及纳税多额十人，共计一百人；而后者是从各省谘议局议员中选拔的，最后再由督抚圈定，人数也是一百人。由于新疆缓办地方自治，谘议局尚未成立，故互选议员只有九十八人。为平衡起见，钦选亦缓派二人，于是，宗室王公世爵实派十四人。但总裁、副总裁亦为钦选，这使得钦选议员事实上仍在资政院中占多数。这种安排透露了清政府的一点私心，以为这样或能保证院内的议论不使政府为难。而实际情形恰恰与清政府的愿望南辕北辙，会场主动权几乎从一开始就为互选议员所掌控。开院之初，国会请愿代表团呈递请愿书于资政院，经陈情股议员讨论表决，同意将议案提交全院议决。九月二十日，全院会议召开，"全体议员合词赞成，认为应行具奏之件。表决之后，群呼大清国万岁！皇帝陛下万岁！大清国立宪政体万岁！群情踊跃，欢动如雷。合王公士庶于一堂，而表其一致，此中国数千年来所未见也"。（中国近代期刊汇刊第二辑《国风报》第一年第八号，79 页，第 6 册，4269 页）接下来，围绕湖南、云南、广西几宗议案对政府的质疑和问责，以及对军机大臣的弹劾，都显示出资政院作为上下议院之基础，已经显示出不容忽视的作用，"而院中一部分议员，颇能以立宪国之国会议员自待，于院章常取积极的解释，不为消极的解释。故政府本意，原欲以资政院为政府咨询机关者，今居然能保持其与政府对待之地位，使误国殃民之政府，渐有感于众怒之难犯，专欲之难成，而淫威不得不稍杀"。在这里，梁启超及时肯定了资政院开院以来的新气象，"政界渐见活气，此实中国前途一线光明也"。（梁启超著《饮冰室合集·文集》之二十五上，165 页）

　　"资政院为上下议院之基础"，始见于光绪三十三年（1907）八月十三日钦奉懿旨，宣统二年（1910）九月初一上谕，再次确认这一点，并称之为"立宪政体之精神"，要求"军机大臣暨参预政务大臣将各项案件妥慎筹拟，照章交议"，而议员则应该"各泯除成见，奋发公心，上为朝廷竭协赞之忠，下为民庶尽代议之责"。（中国近代期刊汇刊第二辑《国风报》第一年第四号，3 页，第 5 册，3609 页）这是来自天朝最高处的声音，对立宪党人来说，即是极大的鼓舞，也是一种凭借，他们因此而有"恃"无恐，至少在心理上感觉到有一种合法性的保障。资政院在与政府的较量中之所以声势逼人，占尽上风，这是很重要的原因之一。在这里，不仅来自民间的互选议员能以积极进取之态度，逞其词锋，大胆批评政府，即使钦选议员，或迫于时势，不敢与舆论作对，或洞悉政府积弱不振的种种弊病，难以启齿为之辩护，唯有保持沉默而已。很显然，资政院及各省谘议局的合法地位，为立宪党人要求参政议政的政治权利提供了一个名正言顺发表政见的平台。监国摄政王载沣在资政院开院时发表训词亦不得不承认："举凡立国之要端，在政治通达，法度修明。尤在上下一心，和衷共济。资政院为代表舆论之地，各议员等皆朝廷所信任，民庶所推崇，必能殚竭忠诚，共襄大计，扩立宪之功用，树议院之楷模。"（同上，95页，第5册，3701页）而且，此前颁布的《资政院章程》也明确规定了资政院应履行的权限："一、国家岁出入豫（预）算事件，二、国家岁出入决算事件，三、税法及公债事件，四、新定法典及嗣后修改事件，但宪法不在此限，五、其余奉特旨交议事件。"同时规定："前条所列第一至第四各款议案，应由军机大臣或各部行政大臣先期拟定具奏，请旨于开会时交议。但第三款所列税法及公债事件，第四款所列修改法典事件，资政院亦得自行草具议案。"（故宫博物院明清档案部编《清末筹备立宪档案史料》下册，632页）

资政院的存在使得立宪党人有了一个要求政治民主，实践立宪政治的合法机关，梁启超称之为"他日国会之练习场"，并称"议员之见识能力，缘淬厉而日赴光晶，其中必有一部分能为将来国会人物之楷模者"。（梁启超著《饮冰室合集·文集》之二十五上，166页）事实亦如他所预言，相当大的一部分资政院议员后来做了民国国会议员。导致资政院与政府发生对峙的事件，实为宣统二年（1910）湖南举办地方公债违法一案。按照《资政院章程》的规定，资政院与各省谘议局为上下从属之关系，"资政院于各省政治得失、人民利病有所咨询，得由总裁、副总裁札行该省谘议局申覆"。而"各省谘议局与督抚异议事件，或此省与彼省之谘议局互相争议事件，均由资政院覈（核）议，议决后，由总裁、副总裁具奏，请旨裁夺"。（故宫博物院明清档案部编《清末筹备立宪档案史料》下册，633页）因此，当湖南巡抚杨文鼎不经谘议局核议，擅行奏准，举办公债之时，议长谭延闿愤其视谘议局规定为无物，以杨抚违法侵权，电请资政院核办。资政院经全体表决，均以杨抚不法，请旨惩办。但是，朝廷的答复，却

"谓此案既经奏准，应遵前旨办理"。资政院议员不能接受朝廷的敷衍和不负责任，提出"务请枢臣来院答覆"，而枢臣（军机大臣的雅称）对资政院的质询竟采取置之不理的态度，显然没把资政院放在眼里。（中国近代期刊汇刊第二辑《国风报》第一年第七号，109页，第6册，4153页）

　　湖南公债案尚未得到合理的解决，又发生了直隶总督与顺直谘议局因募集公债而起争执的事件。这时，云贵总督令盐斤加价未交谘议局议决和广西巡抚与谘议局因高等巡警学堂是否限制外省籍学生意见相左两件议案亦报到资政院请求议决。资政院经过讨论，将议决结果具奏。然而，当时枢垣中拟旨的军机大臣藐视资政院，所拟"谕旨内竟有交盐政处与民政部察核字样，隐然视资政院为盐政处与民政部之下级官厅。全院议员愤之，谓其蹂躏院章，违法侵权，决议上折弹劾"。（同上，第一年第三十号，89页，第7册，4559页）但弹劾奏章未上，军机大臣们已有风闻，有人主张用压制手段，有人主张和平了结。载洵、载泽等均不以压制为然。载洵说："资政院裁可事件，皇上不以为然，否之可也，本不应再交行政官核议。"载泽也认为，此事既不合资政院章程，不能怪议员相闹。这时，盐政处与民政部的覆奏恰好与资政院意见一致，于是，遂另降谕旨，同意资政院之原奏，"隐然微示收回成命之意，并以见朝廷前此交该两衙门具奏者，不过咨询之意，并非有意蹂躏院章"。（同上，89—90页，第7册，4559—4560页）

　　军机大臣们的意思固然希望将参案取消，但议员们的态度却不尽相同，一派认为，弹劾之目的既达，参案可以取消；一派认为，所参二案虽已解决，原奏自不合用，但军机大臣不负责任，仍可弹劾；另有一派主张改变议题，以弹劾军机大臣不负责任促成责任内阁。前者为一部分钦选议员，后二者除了民选议员，也有不少钦选议员，明显占有优势，于是推定邵义、孟昭常、李文熙、籍忠寅、易宗夔、顾栋臣六人起草奏章，并于十一月十七日奏进。其中写道：

　　窃维立宪国家，有协赞立法之议会，同时必有担负行政责任之
政府，一司议决，一司执行，互相提携，互相维系，各尽厥职，政是
以修。比者朝廷预备立宪，以臣院为上下议院之基础，荷蒙圣恩，责
以代表舆论，议决法律、预算之事。臣等膺兹重寄，夙夜焦思，诚欲
竭尽知能，仰称明诏。以臣院职权，惟在议决，至于执行之责，仍恃
政府。必彼此同心僇力，相见以诚，乃能上副朝廷改良政体实事求是
之至意。现在官制未改、内阁未立，而军机大臣，既有赞治义务之明
文，又有副署诏旨之定制，目为政府，理固宜然。臣院开院伊始，窃
意军机大臣，必当开诚布公，于大政方针，有所宣示。乃迟迟又久，
寂无所闻。臣等恐惧忧疑，不知所措。是用遵照院章，提出说帖，质
问军机大臣对于内外行政，是否完全负责？旋据咨称，此种问题，俟
内阁成立以后，方可解决，现在难以答复等语，隐然以不负责任之
意，晓示臣院。似此模棱推诿，尸位旷官，上负天恩，下辜民望，实
出臣等拟议言思之外。用敢不避嫌怨，谨将军机大臣奉职无状之咎，
为圣明痛切陈之：

　　君主国家，以君主神圣不可侵犯，为立国之大本。是以人臣之
义，善则归君，过则归己。而近世东西各国且以大臣代负责任之旨，
明定之于宪法，使国民可有纠绳政府之途，而不可有责难朝廷之意。
凡以巩固国家之基础，保持元首之尊严，用意至深，立法至善。今朝
廷既明定国是，采用立宪政体，为大臣者，宜如何仰体圣谟，引国事
为己任，乃于臣院创立之始，即以不负责任之言，明白相告，受禄则
惟恐其或后，受责则惟恐其独先，不特立宪国大臣不应出此，揆诸古
人致身之义，亦有未安。其咎一也。

　　立宪国国务大臣之作用，在能定行政之方针，谋各部之统一，
故必统筹全国之政务，审其缓急轻重之宜，循序进行，有条不紊。今

朝廷设立内阁会议政务处，而以军机大臣为其领袖，是其地位，实隐与各国内阁总理大臣相当，自应于各部行政，从容审议，就时势之所宜，以定方针之何在。乃会议政务仅等具文，披阅章奏，几成故事。平时以泄沓为风气，临事以脱卸为法门，言教育则与学部不相谋，言实业则与农工商部不相谋，言交通则与邮传部不相谋，言财政则与度支部不相谋，乃至言外交言民政言藩务言海陆军政言司法行政，无不如是。每有设施，动多隔膜，以致前后矛盾、内外参差，纷纷散漫，不可究诘，徒有参谋国务之名，毫无辅弼行政之实，其咎二也。

夫以今日危急存亡之际，内忧外患，相迫而来，民穷财尽，不可终日。军机大臣受国家莫大之恩，居人臣最高之位，自宜悚惧惕励，殚竭忠诚，共济艰难，稍图报称。乃以不负责任则如彼，不知行政又如此，旅（屡）进旅（屡）退，虚与委蛇，上无效忠皇室之思，下鲜顾畏民喦（岩）之意，持禄保位，背公营私，视国计之安危、民生之休戚，若秦人视越人之肥瘠，漠然无动于其心，坐令我监国摄政王忧劳慨叹于上、四万万人民憔悴困苦于下。虽复迭奉谕旨，责以警觉沉迷，勉以扫除积习，而诸臣蹈常袭故，置若罔闻，前后相师，如出一辙。我皇上以天高地厚之恩，优加倚任，而诸臣以阳奉阴违之习，坐致危亡，臣等实不胜愤懑忧忿之至，辄以多数议决，披沥上闻。谨由议长臣溥伦，副议长臣沈家本，遵照臣院议事细则第一百零六条，据情具奏。伏愿圣明独断，重申初三日上谕，迅即组织内阁，并于内阁未经成立以前，明降谕旨，将军机大臣必应担负责任之处，宣示天下，俾无委卸，以清政体，而耸群僚，实于宪政前途，不无裨益。（同上，第一年第三十二号，89—92页，第7册，4849—4852页）

不过，资政院议员弹劾军机大臣的要求并没有得到朝廷的支持，当天的朱谕表示："朕维设官制禄及黜陟百司之权，为朝廷大权，载在先朝《钦定宪法大纲》，是军机大臣负责任与不负责任暨设立责任内阁事宜，朝廷自有权衡，非该院总裁等所得擅预所请，著毋庸议。"（同上，第一年第三十一号，7页，第7册，4625页）这就是说，如何处置军机大臣是朝廷的事，不必资政院的人多嘴。同一天，军机大臣庆亲王奕劻上书请求开缺，则受到朝廷的挽留。由于此日朱谕破例没有采用军机大臣副署的形式，遂在民选议员中再度引发了对政府的严厉批评，他们认为这是议员的职责，立宪政体所要求于议会的，恰恰是处在与政府对立的地位，执行监督政府、批评政府的任务。梁启超当即亦撰文指出，大臣副署制实为立宪政治之命脉，他这里所指自然是君主立宪。在这里，大臣副署制的安排解决了君主的地位以及与立法、行政、司法三权的关系，君主不必负政治上的责任，从而维护了君主作为国家象征的权威。"其所以以大臣副署为诏敕成立之必要条件者，凡以使君主常立于无过之地，而臣民之爱戴君主得出于至诚云尔"。（梁启超著《饮冰室合集·文集》之二十五上，164页）各省谘议局在看到十七日朱谕之后，反应也很激烈。他们纷纷致电资政院，希望能据理力争。如闽、川、鄂、晋都明确表示，此举与立宪原理相违背，如果缄口不言，"无以为议院先（失）声，亿兆人断不期此无实之宪政"。他们认为，"言法理则议院责问内阁，弹劾政府，并不为侵越君上大权"。在这种情形下，经表决，多数议员赞成继续弹劾。但第二次弹劾奏章呈进之后，被留中不发，有人感叹："资政院既声灭音沉，谘议局亦无人继起，为之后盾者，吾民能力之薄弱，于此可见一斑。"（中国近代期刊汇刊第二辑《国风报》第一年第三十三号，89—90页，第7册，4991—4992页）

有声有色的资政院第一届会议是清末预备立宪中上演的一台大戏，此后，立宪党人虽然并未放弃努力，但就政府这边言之，已经没有太多新的起色，反而会有倒退的感觉。自宣统二年（1910）十月初三上谕宣布缩短筹备年限后，第二天即派溥伦、载泽纂拟宪法。至宣统三年（1911）四月，颁布内阁官制，取消军机处、会议政务处，设立责任内阁，以庆亲王奕劻为总理。同时颁布弼德院官制，设立弼德院。同月，设立军谘府，以载涛、毓朗为军谘大臣。五月便有谘议局联合会及各省谘议局议长议员分别上书请愿，请都察院代奏，要求取消皇族内阁，于皇族之外另简大臣，充当组织内阁之总理，另行组织责任内阁。但六月初十日，朝廷发布谕旨，再次强调："黜陟百司，系君上大权，载在先朝钦定宪法大纲，并注明议员不得干预。值兹预备立宪之时，凡我君民上下，何得稍出乎大纲范围之外，乃议员等一再陈请，议论渐近嚣张，若不亟为申明，日久恐滋流弊。"（故宫博物院明清档案部编《清末筹备立宪档案史料》上册，579 页）谘议局联合会当即发表《为阁制案续行请愿通告各团体书》，公开宣称："非改良政治，不足以图存；非改良政府，即无改良政治之希望。盖今日种种之恶政治，皆我政府之所铸造。"并且指出："皇族政府之阶级不废，无所谓改良政府，亦即无立宪之可言。"（中国近代期刊汇刊第二辑《国风报》第二年第十六号，79 页，第 10 册，7481 页）但这班皇族亲贵却一意孤行，资政院曾有开临时会议之请，亦遭拒绝，并于六月重新改订《资政院章程》，对其职权加以限制。到了九月初一日，资政院第二次会议召开之时，武昌革命之发生已逾十日（八月十九日）。这是出乎清政府意料的，而更让他们没有想到的是，全国都因此浮动起来，就在资政院第二次会议开幕这天，湖南长沙宣告独立，随后各省纷纷响应，到九月下旬，除直隶、河南、山东及东三省尚为清政府所支配外，其余各省均宣告独立。此后清政府的所有举动，都已于事无补。

梁启超一直关注着国内立宪运动的发展，并及时撰文加以指导。他总结资政院第一次会议的效果，认为在六个方面是有功的：第一，部分议员自觉到"立宪国国会议员"的身份，并使政府意识到，执政是有人监督的，"专欲之难成"，不能为所欲为；第二，改变了民众将政府与官员混为一谈的旧有观念，"资政院弹劾军机，尽人皆知为非溥伦弹劾奕劻，此思想进步之一证也"；第三，"资政院既开，天潢贵胄，外藩侯伯，与齐民之秀者，共集一堂，相与融通其感情，交换其智识，前此种族思想、阶级思想、地方思想，不期自化，而真正之国家思想，渐涌现于心目间，数千年来官尊民卑之锢习，庶有廓除之望，此于精神上之感化最有力也"；第四，资政院为民间意志的表达提供了强有力的支持；第五，资政院议员的参政议政，使得政治不再神秘，"举国人民因得有与闻之之机会，以故自开院以来，人民政治上之兴味，实陡增于旧。观夫每当一重大议案开议，则院中旁听座为满，而数月以来，政治的运动，各地方纷纷继起，畿辅密迩之区，尤加剧烈，是其效也"；第六，资政院成为民主议政的练习场。（梁启超著《饮冰室合集·文集》之二十五上，165—166页）这六个方面集中体现了国家政治的新气象，以及民众政治意识、政治能力、政治自觉的提升，这是立宪政治的希望所在。

　　然而，现实仍有很严峻的一面，宪政的前途亦不容乐观。作为国会之基础的资政院，在可见之将来，仍有变成"无用之装饰品"的危险，"而中国宪政之前途，遂不可复问"。何以至此？原因有两条："一则，政府敢于觍然以不负责任自居，资政院失其对待之机关，凡所决议，如击空气，虽竭全力，终无回响，其令人失望宜也。二则，资政院自身能力薄弱，其议员中之过半数，视其职为儿戏，而少数之忠实者，亦复人自为战，未尝能稍团结，以为一致的行动。而其学识能与其职务相应者，盖寥寥无几。政府之力虽极脆薄，而资政院之脆薄，抑又甚焉，其不为所惮亦宜也。"（同上，181—182页）事实上，资政院已经成为清政府预备立宪的一面镜子，它的存在照见了热闹背后的真相。比如资政院数日才开一次会，而且，每次只开两三个小时，梁启超觉得不可思议，不知道采用了哪一国的先例。这样说来，虽然会期三个月，而实际开会日不足一个月，很多问题不能充分展开讨论，"关系国家大计者，非草草盲从，即未决而散"，其实是对议员这个职务的轻视。资政院议员有钦选、民选之分别，本不足怪，"此不过为取得议员资格之一途径"，不应该成为议员决定其态度和立场的理由。不幸的是，"今资政院钦选议员中之一部分（非敢谓尽人皆然也，愿诸公有则改之，无则加勉），一若以左袒政府为当然之天职，其有所为而然耶，则是以一己之利益牺牲国家之利益，其道德程度不足以为议员明矣；其无所为而然耶，则是全不解立法机关与行政机关对峙之精神，其智识程度不足以为议员又明矣"。这是资政院内部情形之一种，而其外部环境则更加恶劣。资政院既为立法机关，自应受到行政机关的尊重，"然而政府之视资政院，固不值一钱也，其于资政院所议决，未尝一毫尊重也。试就法律言之，资政院可决之法律，而政府不施行之如故也，资政院否决之法律，而政府施行之如故也"。政府岁入预算、岁出预算、租税征收等，资政院应有审议、监督之权，但政府对付资政院的办法却是虚与委蛇，敷衍了事，钱该怎么收还怎么收，该怎么花还怎么花，湖南、江苏、直隶不经谘议局审议而发行公债，政府不经资政院审议而拟借一万万圆之外债，都是政府藐视法律、藐视资政院的事实。"故吾常谓资政院之议决法律案，不过制造僵石，不过洒闲墨于废纸，其议决预算案，不过如无的而注矢，如梦中与人要约而合二百人以销磨此百日之光阴，甚无谓也"。（同上，169—170页）既然如此，又何必为清政府的立宪保留这么个装饰品呢？

七、立宪派也要革命了

梁启超看清了清政府对于立宪是毫无诚意的。他在宣统二年（1910）初曾经写信给载涛，提醒这位贝勒爷："立宪之政，唯其实不唯其名，苟徒袭此名以上下相蒙，未有能济者也。"他指出："最危险者，乃在假新政之名，而日日朘人民之脂膏以自肥。"他既以财政问题为政府的当务之急，而"今之所谓筹备立宪者，其纷纠而无纪、敷衍而无实，无一非财政之类也。夫苟非迫于时势之万不得已，则亦何取乎立宪？既曰立宪矣，苟徒袭其名，思以涂饰天下耳目，而实际乃与立宪政治之原则相反，则将来患之所中，必有视专制为更甚者"。他担心中国也像波斯、土耳其一样，虽然宣布立宪，但"徒以阳托其名，而阴反其实，遂以酿成大乱，两国之皇室几覆焉"。（丁文江、赵丰田编《梁启超年谱长编》,502—506页）可见，此时的梁启超，仍处在矛盾纠结之中，一方面利用各种机会"忠告政府"，另一方面又因政府的种种作为而大失所望。他曾致信徐佛苏，讲到刚刚见了一位极要之人，介绍都中政界实状非常详细，"诚无复一线希望，然弟终不一次自沮"。为什么？"盖弟向来不望政府，若民间能有希望与否，则此责仍在吾辈耳。故弟于政府之态度，虽未尝不日祝其向上，惟本原则不在此，故闻此亦不惊也。今日国之存亡，实全系于吾党同志之少数人"。（同上，510页）

这应该是梁启超的真实想法。所以，他既对清政府开放党禁抱一线希望，如能达成开放之目的，对他来说，自然是个大展宏图的机会，但他更看重的，还是民间的力量，或者说国民的政治觉悟。所以，国会请愿运动发起之后，"梁先生精神大振，深信今后大可接洽全国议士及优秀人士，灌注其政见学说"。他的至交徐佛苏多年后忆及此时还说："梁先生自就立宪政治发表数文之后，各省优秀人士，群谋与先生订交论政，信仰倍增于平昔。"汤化龙、林长民、孙洪伊、黄远生等人都由于徐佛苏的联络沟通，与梁启超有了"公义私交"。（同上，512—513页）这时，由于国会请愿失败所得到的教训，以及资政院开院以来所遭遇的种种困扰，他们都逐渐意识到，非从速组织政党不可，没有政党，即使为资政院议员，也是一盘散沙，难以组织持久的、有力量的行动。"使有政党以为院之中坚，则当未提议弹劾之前，必先经各党会议，党议既决，则全党员必始终为一致的行动"，欲救纪律不严，号令不一之弊，舍政党没有别的办法。"故各国之有政党也，聚多数主义相同之人，为一团体，常相讨论以期智识之交换，各据其学识之所长，分科调查各政务于一事件之利害得失，研究务极详尽，然后合各事件以观其会通，以组织成一党有系统之政策，此决非一手一足之烈所能致也。我国徒以无政党故，故同属一派之人，而对于同一事件意见抵牾者有之；两事件性质本同一，而全派之人，赞成甲事反对乙事者有之；两事关系甚密切，或非先举乙事则甲事万不能举，而当其讨论议案，或取此而遗彼，或舍本而逐末者有之"。资政院许多议案之所以议而不决，决而不行，"皆由无政党以事先整齐划一之使然也。要之，国家政治莫贵于有系统，故有建设政治与批评政治之责者，亦莫急于自立系统，而政党也者，实系统的政治论所由发生也。今国中未有政党，故院中种种缺点，实势所不能免也"。（梁启超著《饮冰室合集·文集》之二十五上，171—175页）

早在丁未年（1907），梁启超就曾有过组党的尝试，不幸的是，他所创建的政闻社，很快就横遭清政府的查禁。于是，当宣统二年（1910）第二次请愿国会之前，孙洪伊等人讨论请愿同志会章程，希望以此为将来组党之基础时，梁启超则表现得特别积极，在其代拟的《国会请愿同志会意见书》中，他便鼓吹正式组党。他说："虽然政党之地位与其精神，固非一蹴所能几者，理当组织其类似之机关。故吾侪在各省既陆续组织国会请愿同志会，而今日更在都中组织国会请愿同志会总会也，夫既标明为国会请愿同志会矣，则俟吾国召集国会之时，吾侪即当改变此会而作他图。故今日不敢谓此会为纯粹之政党，揆之党派之定义，此可名之为政团，然与政党之性质，亦相去不远矣。"（中国近代期刊汇刊第二辑《国风报》第一年第九号，90页，第2册，1374页）宣统三年（1911）四月间，十六省代表四十人抵达北京，名为第二届直省谘议局联合会，实际上是讨论组党之事。五月初八日，宪友会宣告成立，湖南谘议局议长谭延闿被选为主席，直隶副议长王振尧为副主席，湖北的汤化龙为审查长。徐佛苏写信告诉梁启超："此次联合会较之去岁开会远胜，因时局危急，各省人士多欲联合来京扎一硬寨，故此次代表皆各省之议长、副议长，（江苏代表除张謇、杨廷栋外，尚有马先生，并此奉告）可谓极一时之盛况。"（丁文江、赵丰田编《梁启超年谱长编》，547页）他还说，党内同志"平日本系旧友"，此次从各地云集北京来会，"颇有大结合之象"。他乐观地估计："三数月之内，各省必皆有分会成立，且必有七八省占全盛之势，在宣统五年之国会，必占大多数议席。若中央总部能主持得法，各省又不分裂，则真泱泱大党之风也。"（同上，549页）

立宪党人走到这一步，对于清政府的拖延敷衍，已经失去了耐心，特别是在三次请愿国会失败，各省代表被迫离京，随后又有皇族内阁和铁路国有政策相继发表，立宪派的言论渐趋激烈，甚至有脱离清廷，密谋革命之举。徐佛苏忆及当时的情形说道："虽然，梁先生仍不满意清廷缩短立宪期限之举，曾函勉余与孙洪伊诸君，谓吾辈同志为预防全国革命流血惨祸起见，劝告各省法团向政府和平请愿，此原系至缓进之法。不料吾辈要求声嘶气绝，而政府毫无容纳之诚意。然吾辈何颜以对国民及各省请愿代表，并何颜以对激烈党人乎？故今后仍当作第二次、第三次之激进请愿，不达到即开国会之目的不止。余等闻先生之主张，至愧至悚，孙洪伊先生更有血忱义愤，百折不挠，乃复领袖法团继续请愿。及第二次请愿书留中，孙君更愤。其第三次请愿书中，措辞则甚激昂，略谓：政府如再不恤国民痛苦，不防革命祸乱，立开国会，则代表等惟有各归故乡，述诉父老以政府失望之事，且代表等今后不便要求国会矣等语。窃按末次请愿书措词如此愤激者，其言外之意，系谓政府如再不允所请，则吾辈将倡革命矣。更不料清廷因此震怒，立下明谕，勒令代表等出京还里。各代表闻此乱命，亦极愤怒，即夕约集报馆中，密议同人各返本省，向谘议局报告清廷政治绝望，吾辈公决密谋革命，并即以各谘议中之同志为革命之干部人员，若日后遇有可以发难之问题，则各省同志应即竭力响应援助起义独立云云。此种密议决定之后，翌日各省代表即分途出京，返省报告此事。然清廷毫无所闻，方幸各省请愿代表已经出京，则中央政府仍可苟安无事矣。"（同上，513—514页）这种事后的记述总不免经历的痕迹，是根据已成事实的回忆，常常会有不同程度的出入，唯此并无太大关系，问题在于，此时立宪党人的心理，已经急不可待。梁启超的老同学徐君勉就曾写信发牢骚："弟观政府之腐败，亟欲为暗杀之举动，以一死了之，尊意以为然否？"（同上，515页）是否欲为暗杀之举动，也许不必当真，但其情绪应该是真实的，也是有代表性的。对此，梁启超似乎也已有所考虑，他致信汤觉顿道："吾辈虽忌器，器遂可保耶？何如一击此鼠子，公谓何如？"（同上，522页）他的矛盾心理在此已经表现得很明显了，徐佛苏"欲再倡革命"，征询梁启超的意见，他惴惴言道："仆数月以来此种思想往来于心上者，日必数次，故终不肯自易其说者，非自惮以翻云覆雨，为人笑也，实自审其聪明才力，不能任彼事，无取用其所短耳。"虽然他自我表白"非自惮以翻云覆雨"，其实他还是很在意的，毕竟，他在六七年前就已公开宣称放弃革命，如今怎好自食其言？徐佛苏则不同，他在与梁启超结交之前，原为华兴会会员，亦革命党一分子，所以梁启超说："公若从事于旧主义，未为不可，但不识公欲以此为目的耶，抑以此为手段耶？彼辈则以此为目的者也。若如来书言，一部人狂吹，而使一部人有所挟以自进，则以此为手段者也。令诚欲以此为目的，则固有商略之余地；若欲以为手段，则不诚无物，吾所绝不敢赞成耳。"（同上，541—542页）

梁启超有条件地赞成徐佛苏回到革命立场，同时，不经意间，他也在文字中流露出对革命的同情。革命党发动广州起义失败后，他作《粤乱感言》一文，对死于斯难的"爱国热诚磊落英多之士"深表同情，并指出革命的不可避免，尽管这是他最不希望看到的。他说："今者，五千年之国命与四万万之民命，皆悬于现政府之手，而现政府则更有何望者？多存留一日，则元气多斲丧一分，凋瘵以死与服毒以死，死等耳，其又奚择？况乎毒药虽可杀人，有时亦可以治病，毅然投之，尚可以于万死中求一生，与其坐以待死期之至也。"他承认，如果是这样的一番道理，非革命论者也是很难回应的。而且，"在今日之中国，而持革命论诚不能自完其说；在今日之中国，而持非革命论，其不能自完其说抑更甚。政府日日以制造革命党为事，日日供给革命党以发荣滋长之资料，则导全国人心理尽趋于革命亦宜"，甚至"不至趋全国人尽化为革命党焉而不止"。（中国近代期刊汇刊第二辑《国风报》第二年第十一号，41—43页，第9册，6761—6763页）

八、清政府帮助制造革命者

梁启超的这种思想由来已久，他在光绪乙巳年（1905）就曾发表《现政府与革命党》一文，提出了这个著名论断，他说："革命党者，以扑灭现政府为目的者也；而现政府者，制造革命党之一大工场也。始焉犹以消极的手段间接而制造之，继焉遂以积极的手段直接而制造之。"而且，他一针见血地指出："革命党何以生？生于政治腐败。政治腐败者，实制造革命党原料之主品也。"（梁启超著《饮冰室合集·文集》之十九，45—46页）清末十余年，革命党的发生、发展、高涨、困顿，恰好证实了梁氏论断的准确性和正确性。其历史进程亦可由孙中山的自述证之："乙酉（1885）以后，余所持革命主义，能相喻者，不过亲友数人而已。士大夫方醉心于功名利禄，惟所称下流社会，反有三合会之组织，寓反清复明之思想于其中。虽时代湮远，几于数典忘祖，然苟与之言，犹较缙绅为易入，故余先从联络会党入手。甲午（1894）以后，赴檀岛美洲，纠合华侨，创立兴中会，此为以革命主义立党之始。然同志犹不过数十人耳。迄于庚子（1900），以同志之努力，长江会党及两广、福建会党，始合并于兴中会，会员稍稍众，然所谓士林中人，为数寥寥焉。庚子（1900）以后，满洲之昏弱日益暴露，外患日益亟；士夫忧时感愤，负笈欧美、日本者日众；而内地变法自强之潮流，亦遂澎湃而不可遏，于是士林中人，昔以革命为大逆不道、去之若浼者，至是亦稍稍知动念矣！及乎乙巳（1905），余重至欧洲，则其地之留学生已多数赞成革命，余于是揭橥生平所怀抱之三民主义、五权宪法以为号召，而中国同盟会于以成立；及重至日本东京，则留学生之加盟者，除甘肃一省未有留学生外，十七省之人皆与焉。自是以后，中国同盟会遂为中国革命之中枢，分设支部于国外各处，尤以美洲及南洋为盛。而国内各省，亦由会员分往，秘密组织机关部，于是同盟会之会员，凡学界、工界、商界、军人、政客、会党无不有同趋于一主义之下，以各致其力。"（孙中山著《中国革命史》，见朱正编《名人自述》，51—52 页）

孙中山所言或有夸张，但基本属实。同盟会的成立的确改变了清末的政治格局，革命党的地盘也从华侨、会党，扩张到国内外青年知识分子，反政府的势力从此有了统一团结的中心组织，其行为也不再是局部的、散漫的。而他们既以暴力革命为宗旨，就不能不对物资和经费表现出极大的依赖性，由于物资和经费都不易得，他们所能着手的方向，也只剩下了联络各地会党与运动军队两途。他们于丙午（1906）至戊申（1908）发动数次起义，都采取这种方式，不仅不容易成功，还牺牲很多同志。经过数次失败，经费既绌，又失去了在中国周边活动的可能性，革命党的暴动也只好暂时停止。这是革命运动较前更为困难的时期，不仅清政府的防范更为严密，而且，预备立宪的颁布，也对国民心理产生了一定的影响。梁启超在《为国会期限问题敬告国人》一文中讲到政府与革命党之间彼此进退之关系："数年前革命说遍天下，自预备立宪之诏既颁，乃如汤沃雪乎？夫一诏则安能有此奇效？希望心有所寄，则民气不期靖而自靖也。及乎以诸公当预备立宪之冲，而前此一线之希望，复永断绝于诸公之手。故夫前此约以九年开国会而民安之，今兹约以九年开国会而民哗之者，非民之靖于昔而嚣于今也，希望既绝于彼，乃不得不转而向此也。"（梁启超著《饮冰室合集·文集》之二十三，17页）这是梁启超劝告政府的肺腑之言，但清政府一意孤行，并不肯听从他的劝告。他曾经很自负又不无担忧地对其二弟梁仲策说："兄年来于政治问题研究愈多，益信中国前途非我归而执政，莫能振救，然使更迟五年，则虽举国听我，亦无能为矣；何也，中国将亡于半桶水之立宪党也。"（丁文江、赵丰田编《梁启超年谱长编》，493—494页）

辛亥年（1911）三月，广州起义失败，革命党损失惨重，所谓黄花岗七十二烈士（实则被难之革命党人不止此数）都是革命党的精华，也是国民的精华。此时，党内其他精英分子，孙中山尚在美洲，赵声忧愤成病而死，黄兴、胡汉民等蛰伏香港，心情沮丧，陈其美、宋教仁、谭人凤等由香港返沪，试图挽救革命势力涣散不振的局面，谋求于长江流域卷土重来。可见，武昌起义发动之前，革命热情高涨，革命大势已成，更多地表现为皇族内阁、铁路国有、狂借外债对国民强有力的刺激。革命、立宪两党的运动积极猛进，都因感受到时局的危急。现在，革命党势力受挫，立宪党人却愈战愈勇。梁启超许多痛斥揭露清政府罪恶的言论，最终则偏离了劝谏政府的初衷，变成了鼓励民众革命。《国风报》曾发表《中国前途之希望与国民责任》的长文，是他与汤觉顿的问答。汤觉顿表达了立宪党人的心情："今日国命，悬于政府，政府惟�然不知国家之将濒于亡也，故昏悖日益甚，若恐其亡之不速而更旦旦伐之，国中仁人君子历举亡征，大声疾呼，冀政府得有所警惕而悔祸于万一。"梁针对他的疑惑指出："我辈今日论国事，其安能更依赖此政府？我国民而欲政府之警惕而悔祸耶，则亦有道矣。"这个道，就是要让政府对国民有所畏惧，否则，"讽谏无用也，笑骂无用也，策厉无用也，恫吓无用也，一切皆是闲言碎语，政府闻之已熟，岂有一焉能芥其胸者"？于是，他告诫诸位同仁，"吾侪今日立言，惟与国民言，而非与政府言"。（梁启超著《饮冰室合集·文集》之二十六，38页）他认为："我国民未尝有一事弱于人也，而今乃至无一事不弱于人，则徒以现今之恶政府为之梗。我国民不併力以图推翻此恶政府而改造一良政府，则无论建何政策立何法制，徒以益其敝而自取荼毒。诚能併力以推翻此恶政府而改造一良政府，则一切迎刃而解，有不劳吾民之枝枝节节以用其力者矣。"（同上，29页）

于是，到了宣统三年辛亥（1911）的春夏之交，立宪党人的言行都变得激烈起来，不仅两次要求罢斥皇族内阁，而且发表《直省谘议局联合会为阁制案续行请愿通告各团体书》（又称"告全国父老书"），痛诋政府制造了今日种种之恶政治，要求在皇族以外组织内阁，"无论满汉蒙回藏之五族，但属中国臣民，合于为国务大臣之资格者，皆得邀"。（中国近代期刊汇刊第二辑《国风报》第二年第十六号，84页，第10册，7486页）很显然，立宪党人的这些做法已非和平运动所当遵循之轨迹，有了越轨的冲动，特别是此后的护路运动，更为他们提供了大显身手的舞台。最初，他们一边说欲救中国，舍革命无他法，一边标榜"和平争路"，尚未有与清政府决裂的意思，但民众的要求被政府拒绝后，风潮已不可避免，并形成了有组织的群众运动。随着四川省谘议局议长蒲殿俊、副议长罗纶、《蜀报》主笔邓孝可等十二人被捕，和平的争路已演变成为流血斗争。赵尔丰开枪镇压请愿群众，更进一步促成了七月十六日保路同志军的起事。这被看做是四川革命党与立宪派合流的标志，此时离八月十九日武昌事变只有一个月另三天了。不过，遗憾的是，立宪党人天天呼吁创建新政府、新国家，然而，当机会降临的时候，他们仍然缺少必要的心理准备和从政能力，四川的蒲殿俊、罗纶如此，湖北的黎元洪、汤化龙亦如此，远在日本的康、梁又何尝不是如此。对君主立宪和清宗主的留恋，使得他们错过了抓住"共和""民国"这面旗帜的最佳时机，尽管他们领导、策划的一系列运动，直接促成了中华民国的诞生！

九、终与宪政失之交臂

但实事求是地说，武昌兵变之初，革命党是相当被动的，尽管有谭人凤、居正等人从中协调，黄兴、宋教仁都不是特别积极，"宋的初意，以为革命举事，尚当在数年以后"，黄兴也说，在"此方面，难望其成功"。（李剑农著《中国近百年政治史》，270—271页）武汉方面几次派人往沪港催促黄兴来鄂主持，他都迟迟未能动身。所以，武昌兵变，最初并没有一个相当的首领，他们只好强迫新军协统黎元洪充任中华民国军政府革命军鄂军都督，以应付局面。与革命党的消极观望恰恰相反，立宪党人此刻正处在革命热情高涨的阶段，其内部固然有激进、保守两种态度，但他们对于革命、革命党，往往表现为同情、赞赏和支持，至少觉得有助于推动清政府改革，迫使政府实现对于宪政的承诺。梁启超与康有为在对全局和行动方针做了一番谋划后就曾表示："用北军倒政府，立开国会，挟以抚革党，国可救，否必亡。"此方针不久又被概括为八个字："和袁，慰革、逼满、服汉。"梁启超还表示："今兹武汉之乱，为祸为福，盖未可知，吾党实欲乘此而建奇功焉。"（丁文江、赵丰田编《梁启超年谱长编》，552—558 页）张謇是比较保守的，他与梁启超政见不同，但此时的反应也是利用革命，促请清政府"速颁决行宪法之谕"，并与他的门生雷奋、杨廷栋为江苏巡抚程德全起草速布宪法开国会的奏折，还以谘议局的名义电告内阁，做相同的表示。（北京图书馆编馆藏珍本年谱丛刊 183 册《啬翁自订年谱》下卷，30—31 页）

事实上，从一开始，立宪党人就全面介入了后来被称作"辛亥革命"的这场兵变。在湖北，谘议局议长汤化龙被推选为总参议和民政部长，正是由于汤化龙的加入，不仅带动了政学各界一大批附从者，而且"于鄂军政府合法性及社会代表性实有裨益，且筹饷负重，非士绅合作不可"。鄂军不至瓦解为流寇，汤化龙是立了大功的。（刘仲敬著《民国纪事本末 1911—1949》，12 页，广西师范大学出版社 2013年 6 月版）其贡献又不局限于此，至少还有如下三个方面："第一，为军政府草拟组织规程，进而规划人事，使紊乱的局面有了秩序；第二，与汉口各国领事馆交涉，获得列强承认武昌军政府为交战团体；第三，通电呼吁各省响应独立，将革命形势推展至全国。"（张朋园著《立宪派与辛亥革命》，116—117 页）最后一点尤为重要，如果不是他利用谘议局联合会的关系网络，通电全国，不可能很快造成各省宣布独立的局面。

湖南是继湖北之后最早宣布独立的。虽然一度由革命党焦达峰和陈作新分任正副都督，但十天之后，焦、陈被杀，省议会推举谭延闿为都督，自此，湖南政权落入立宪党人手中。谭延闿虽对革命始终同情，但他的选择却是温和的改革路线。由于他的执政，湖南局面渐趋稳定，并向湖北提供了相当多的军事、财力和物资援助。可以毫不夸张地说，在武昌军政府成立后最初的一个月内，全国大多数省份都有立宪党人在积极主动地参与政权的建设，出面收拾混乱的局势，并筹集所需资金。除了前面提到的蒲殿俊、汤化龙、谭延闿，如广西的甘德蕃、陈太龙，广东的丘逢甲，福建的刘崇佑、林长民，浙江的汤寿潜，山西的梁善济，云南的蔡锷等，都是其中的佼佼者。他们的行动具有举足轻重的作用，甚至关系到这场革命的成败，以及国家的安危。革命党人为了获得财政支持，稳定局面，对抗北来的清军，固不得不借重立宪党人于一时，"大抵士绅参政较多之省，取财有艺，缓冲有术，社会痛苦较轻"。（刘仲敬著《民国纪事本末1911—1949》，13页）但他们志不在此，一旦大局稍定，就会跳出来为争夺权力而发难，得势之后，无不排斥立宪党人。蒲殿俊、汤化龙、梁善济等人的遭遇最为典型。除了双方固有的鸿沟无法填平之外，理念和诉求的不同，也是造成二者分道扬镳的原因之一。立宪党人的温和与稳健，必定引起激进的革命党人的不满。不过，对付革命党的不满，立宪党人的办法仍是温和与稳健。这是因为，立宪党人多为本省士绅，固有维持地方秩序的传统，不希望发生流血、动乱。还有一点，他们看得很清楚，如果秩序一破，要恢复就很难，"全国鼎沸，非数年不能戡定"。而中国所面临的国际环境又十分险恶，动乱势必予人可乘之机，"今各国环伺，安容有数年之骚扰，其究也，卒归外国享渔人之利已耳"。（丁文江、赵丰田编《梁启超年谱长编》，553页）如今革命既已发生，他们无力阻止，所盼望者，动乱不要扩大蔓延而已。他们在各省独立中积极参与，或有对权力的渴望，更多的还是出于责任，事实上，没有他们的参与，辛亥年间所发生的这场颠覆性的变革，不可能实现政权的和平移交、平稳过渡。这是立宪党人对于中华民国最大的贡献，无论如何是不能被抹杀的。

但是，他们的宪政理想最终却落空了，始于求国会，终于得革命，始于求君宪，终于得共和，张朋园称之为"种瓜得豆"。原因是多方面的，有君主立宪本身的问题，也有立宪党人自身的局限，加以清政府的腐败无能、袁世凯的政治谋略、革命党的权力野心，促成了清末历时数年立宪运动的落幕。事变之初，清政府与梁启超犹做立宪之梦，九月初八日，张绍曾、卢永祥、蓝天蔚、吴禄贞、潘渠楹兵谏滦州，请开国会当天，也即清政府命资政院草拟宪法，下罪己诏，大开党禁的前一天，梁启超在写给徐君勉的信中，还谈到"吾党所坚持立宪主义者"，他指出："但使立宪实行，政权全归国会，则皇帝不过坐支乾修之废物耳。国势既定，存之废之，无关大计，岂虑其长能为虐哉？"他分析当前局势，完全从本党将入而掌权，即"我归而执政"为出发点来筹划安排："今日所欲办之事，则一面勒禁卫军（载涛领禁卫军，梁视为可依赖力量）驻宫门，以备非常，即逐庆（奕劻）、泽（载泽），而涛（载涛）自为总理，杀盛（宣怀）以快天下之心，即日开国会。当选举未集时，暂以资政院、谘议局全数议员充国会议员，同时下罪己诏，停止讨伐军，极言今日时势不容内争。令国会晓谕此意，然后由国会选代表与叛军交涉。幸此次叛军非由中山发动，不纯然为种族革命。告以国会既揽实权，则满洲不革而自革之义，当能折服；若其不从，则举国人心暂归于平和党，彼无能为力矣。政府一面仍下诏废八旗，皇帝自改汉姓，满人一切赐姓，以消除怨毒。其他应办之事尚多，不能具述，荦荦大端，大率如此。若果能办到，则缘有武汉之一逼，而国会得有实权，完全宪政从此成立，未始非因祸得福也。"（同上，553—554页）看得出来，他的如意算盘，仍在君主立宪的框架之内，然而已是一厢情愿。十九日，他自日本抵达大连，二十日即乘夜车赶往奉天，匆匆此行，就是希望能有所作为。不幸的是，到大连后才听说，他最看好的吴禄贞已于前两日在石家庄被刺杀。他想见的张绍曾、蓝天蔚也因种种变故而没有见成。而此时的梁启超还想要冒一冒险，他指望先期进京的张、蓝二人能有所作为，以维持京城的秩序。他不知道，袁世凯已经解除了张绍曾的兵权，蓝天蔚亦被赵尔巽免职，无可奈何之中，梁启超不得不打消进京计划，黯然返回日本。

　　其实，就在梁启超抵达大连的当日，还有两件大事发生，一是资政院批准袁世凯为内阁总理，他亦于二十三日入京组阁；二是黎元洪颁布了人称"民元约法试笔"的《鄂州约法》，通电举义各省代表会于武昌，组织中华民国中央政府。武昌兵变，清政府最初的反应，是派陆军大臣荫昌率军南下，此刻仍有"新军不假外臣"之意，虽然奕劻苦谏，摄政王也只同意起用袁世凯为湖广总督。袁世凯不为所动，奕劻与徐世昌再劝，袁世凯仍迟疑不出。恰好前一日资政院总裁世续等奏请本标兼治以救时局，提出惩办盛宣怀等罪魁祸首，迅速组织完全责任内阁，明年提前召集国会，宪法交议院和王公士庶讨论等要求，仿佛立宪党人与袁世凯上演的一幕双簧。就在皇族内阁仍然犹疑不决之时，还发生了一件大事，即后来所称之滦州兵谏，九月初八日，驻守滦州的陆军二十镇统制张绍曾、第二混成协协统蓝天蔚等人领衔电奏，提出立宪十二条，要求本年内召集国会，宪法由国会起草，禁止皇族参政等。同一天，山西亦宣布独立，遂使北京处在两面夹击之中。在这种形势下，载沣才感到问题的严重性，于九月初九日连发上谕，取消内阁暂行章程，实行内阁完全制度，不以亲贵充当国务大臣；又命溥伦等迅速将宪法条文拟齐，交资政院审议；并下罪己诏，解除党禁，"所有戊戌以来，因政变获咎，与先后因政治革命嫌疑惧罪逃匿，以及此次乱事被胁自拔来归者，悉皆赦其既往，俾齿齐民"。（故宫博物院明清档案部编《清末筹备立宪档案史料》上册，96页）随后，十一日，内阁总理大臣奕劻、协理大臣那桐、徐世昌奏请罢斥另简贤能组阁，同日，上谕准奏，并任命袁世凯为内阁总理大臣，即行来京组阁。十九日，资政院依据新颁布的《宪法重要信条十九条》，通过了袁世凯为内阁总理大臣的任命。

　　先于十三日刊布的《宪法重要信条十九条》，近来颇为学者所重视，评价亦甚高，有"中国版的光荣革命"之誉，被视为中华民国立宪建国具有宪法性法律价值的文件。（高全喜著《立宪时刻——论〈清帝逊位诏书〉》，台湾秀威资讯科技股份有限公司 2012 年 2 月版）不过，就其宪法性价值而言，或当另文专述，而所谓现代共和国肇始之际的"立宪时刻"，就其历史机缘来说，却来得太迟了。如果它能于辛亥年初三次请愿之际发布，则可谓顺应民意，立宪党人梦寐以求的"立宪时刻"也早就降临了，中国二十世纪的历史或将改写。至此则为时已晚，"十九信条"的发布，不仅不能对革命党发生任何效力，即使是立宪党人也不再感到兴趣，有人评价为"贱卖"，然而"已无买家"。（刘仲敬著《民国纪事本末》，16 页）就在其颁布的当天，黎大都督于武昌誓师，拜黄兴为革命军总司令。二十五日，光复各省代表齐聚上海，成立"各省都督府代表联合会"，此即临时参议院雏形，民国立宪即将由此启程。次日，袁世凯内阁名单发表，摄政王载沣也于此日宣布退位。然而，新内阁成员中立宪派名士梁启超、杨度、张謇都拒绝就职，"其心固以民国立宪便于大清而以自改革替代革命已无意义，此亦各省立宪派不约而同者"。（同上，29 页）

十、君主立宪黯然落幕

立宪党人政治上的依附性似乎注定了他们不能独立完成君主立宪这场政治革命，而只能在清政府和袁世凯之间作出选择。如果说梁启超最初颇有些踌躇满志而轻视袁世凯，曾经表示，"今欲取而代之，诚甚易，资政院皆吾党，一投票足矣"，并说了"取否惟我所欲耳"的大话（丁文江、赵丰田编《梁启超年谱长编》，556、559 页），那么，更务实而稳健的张謇，作为江浙绅商的代表，则于九月中旬就由君主立宪而转向民主共和，并将目光投向再度出山的袁世凯，以为只有袁世凯才可能收拾南北对峙的这个局面。而袁世凯此时还在通过罗瘿公向梁启超表白："我总抱定十九条宗旨；我自出山即抱定君主立宪，此时亦无可改变。"梁启超则回应："鄙人既确信共和政体为万不可行于中国，始终抱定君主立宪宗旨；欲求此宗旨之实现，端赖项城（袁世凯），然则，鄙人不助项城，更复助谁？"他还说："吾自信，项城若能与我推心握手，天下事大有可为。"（同上，567、569页）尽管如此，形势的发展却非他一人所能左右，他虽然看出了民主共和制之种种不可行，却没有把握让中国人接受他认为最好的君主立宪制。他在此时发表《新中国建设问题》，其实是为君主立宪将与中国永诀做最后一哭。

革命最终战胜了立宪，民主共和确实"应乎时代之要求，洽乎人人心理之所同然"，（梁启超著《饮冰室合集·文集》，之二十八，39页）但也要看到，君主立宪之所以未能在中国实现，很重要的一点就在于，先后掌握了政治主动权的清政府和袁世凯，都缺少立宪的诚意，前者是想借助立宪保住自己的权力不与他人分享，后者则把立宪作为一个筹码，在清政府与革命党之间进行权衡。袁世凯最终放弃君主立宪而倒向民主共和，只是因为民主共和可以带给他想要的权力。梁启超不得已接受了民主共和这个事实，他是期待着民主共和也有实行宪政的机会。然而，新的国家组织的建立，宪政的完全实现，能寄希望于北洋军或革命党吗？立宪党人在清末最后的日子里不得不倒向革命，但最终仍被革命党清除出局，盖以平和缓进为革命党所不容也。虽然各省独立之初，总有绅民士夫参与其中，但所依赖者，多为军人，"无大异于陈桥兵变之推举"，而军政府、军政分府之林立，实为辛亥一大景观，"光棍从军，野心家革命，烂羊头关内侯，无赖子佩刀雄，顺民负担倍增，尚不如文人士大夫与皇权共治，稍有章法。民国不如大清，即顺民心声。癸丑（1903）商民箪食杯酒迎北军，伏脉已成"。而"文臣自退，武夫秉国，后事可知。革命本以暴力为最后仲裁，能止暴者唯更有组织之暴力耳"。（刘仲敬著《民国纪事本末》，20—21页）梁启超当时就已经看到了这种危险，他在《中国立国大方针》一文中详细探讨了中国所应努力的方向以及可能遇到的困扰，他说："今专制则既去矣，自今以往，遂能取得完全国家资格与否，此实全世界人所未能决答之疑问也。个人主义昌，其妨国家成立者一；地方感情胜，其妨国家成立者二；少数威焰张，其妨国家成立者三；公共信条破，其妨国家成立者四；无秩序之自由，其妨国家成立者五；无系统之平等，其妨国家成立者六；无意识之排外，其妨国家成立者七；无计划之改革，其妨国家成立者八。"（梁启超著《饮冰室合集·文集》之二十八，41页）这八个方面将考验"我国民果有组织完全国家之能力与否"，（同上）梁启超为此而忧之，后来者何不忧之？

图书在版编目（CIP）数据

君主立宪之殇：梁启超与他的"自改革"/ 解玺璋著 .
—太原：山西人民出版社，2014.4
ISBN 978-7-203-08429-7

Ⅰ . ①君… Ⅱ . ①解… Ⅲ . ①立宪君主制 - 研究 - 中国 - 清后期②梁启超（1873 ～ 1929）- 政治思想 - 思想评论
Ⅳ . ① K256.507 ② D092.52

中国版本图书馆 CIP 数据核字（2014）第 041739 号

君主立宪之殇：梁启超与他的"自改革"

著　　者：解玺璋
责任编辑：高　雷
装帧设计：陆红强
选题策划：北京汉唐阳光

出 版 者：山西出版传媒集团·山西人民出版社
地　　址：太原市建设南路 21 号
邮　　编：030012
发行营销：0351-4922220　4955996　4956039
　　　　　0351-4922127（传真）　　4956038（邮购）
E-m a i l：sxskcb@163.com 发行部
　　　　　sxskcb@126.com 总编室
网　　址：www.sxskcb.com

经 销 者：山西出版传媒集团·山西人民出版社
承 印 者：北京通州兴龙印刷厂

开　　本：655mm×965mm　1/16
印　　张：15.25
字　　数：198 千字
印　　数：1—15000 册
版　　次：2014 年 4 月　第 1 版
印　　次：2014 年 4 月　第 1 次印刷

书　　号：ISBN 978-7-203-08429-7
定　　价：38.00 元

如有印装质量问题请与本社联系调换